なるにはBOOKS 83

国際公務員になるには

横山和子 著

ぺりかん社

はじめに

本書は、国連機関という場に身を置き働いてみたいと考える読者のみなさんに必要な知識や情報を提供することを目的としています。関連ＵＲＬを掲載《けいさい》し、参考資料を可能なかぎりウェブ上で検索《けんさく》できるよう工夫しました。概要はつぎの通りです。

１章では世界の最前線の現場で問題解決に取り組んでいる３人の国際公務員に寄稿してもらいました。国連本部ＰＫＯ局に所属する小野京子《おのきょうこ》さんにはアジア・ミャンマーでロヒンギャ問題に取り組む日々を、ＵＮＲＷＡの保健局長ドクター清田明宏《せいたあきひろ》さんにはコロナウィルス感染対応の現場を、そしてＵＮＩＣＥＦタンザニア事務所で働く渋井優《しぶいゆう》さんには現地の保健システム構築の仕事について報告してもらいました。

２章は国際機関の組織・仕組みを解説し、国際公務員という仕事をイメージしてもらうための章です。ここでも開発途上国の社会開発に取り組んでいる２人に寄稿してもらいました。世界銀行に所属し、現在アフリカ・ナイロビの社会的交通インフラの構築に取り組んでいる岸上明子《きしうえあきこ》さん。民間から転職し、現在はアフリカのマラウイでＵＮＤＰ代表を務めている小松原茂樹《こまつばらしげき》さんです。加えて、国連勤務を経て、現在インドネシアで国際ＮＧＯを立ち上げられた中村俊裕《なかむらとしひろ》さんにも寄稿してもらいました。

3章は、国際公務員をめざす人への準備の章です。適性と心構え、準備と関係試験、応募にかかわる有益情報をできるだけ具体的に提供するよう努めました。

国際公務員をめざすみなさんは、夢の実現に向けて本書を理解し活用いただき、キャリア計画を立て、着実に実行していただきたいと考えています。国際公務員になるつもりはないが、国際公務員という職業に興味をもっている、あるいは国際協力の世界に興味があるという読者のみなさんは、国際機関の実際の活動を垣間見、国際社会の動きを理解し、日本人の人的貢献《こうけん》などについて考えていただければ幸甚です。

図表1 寄稿者が活動する場所

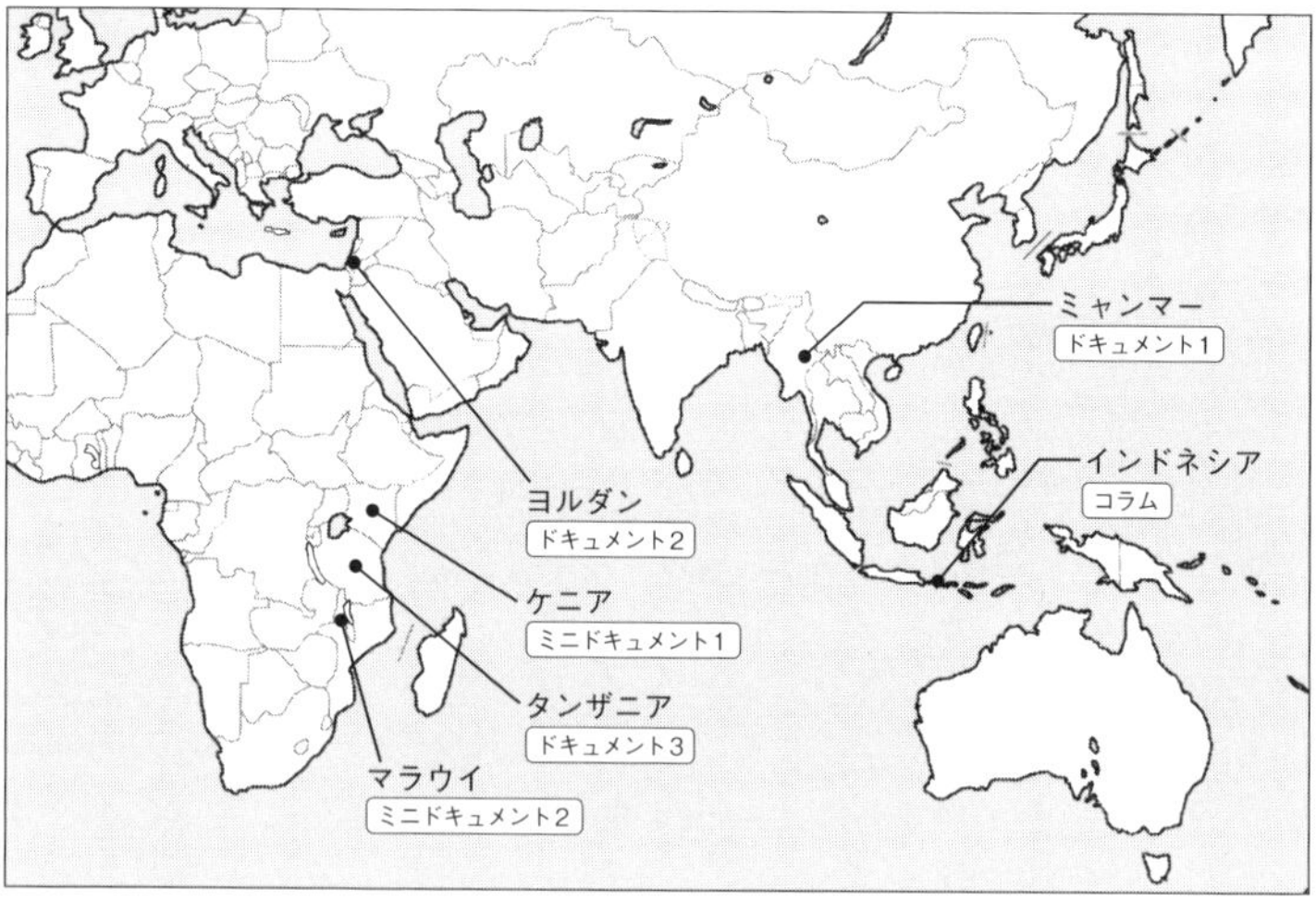

国際公務員になるには　目次

[3章] なるにはコース

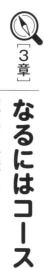

※本書に登場する方々の所属などは執筆時のものです。

［装丁］図工室　［カバーイラスト］ハラアツシ

「なるにはBOOKS」を手に取ってくれたあなたへ

「働く」って、どういうことでしょうか？

「毎日、会社に行くこと」「お金を稼《かせ》ぐこと」「生活のために我慢《がまん》すること」。

どれも正解です。でも、それだけでしょうか？　「なるにはBOOKS」は、みなさんに「働く」ことの魅力《みりょく》を伝えるために1971年から刊行している職業紹介《しょうかい》ガイドブックです。

各巻は3章で構成されています。

［1章］ドキュメント　今、この職業に就いている先輩《せんぱい》が登場して、仕事にかける熱意や誇《ほこ》り、苦労したこと、楽しかったこと、自分の成長につながったエピソードなどを本音で語ります。

［2章］仕事の世界　職業の成り立ちや社会での役割、必要な資格や技術、将来性などを紹介《しょうかい》します。

［3章］なるにはコース　なり方を具体的に解説します。適性や心構え、資格の取り方、進学先などを参考に、これからの自分の進路と照らし合わせてみてください。

この本を読み終わった時、あなたのこの職業へのイメージが変わっているかもしれません。「やる気が湧《わ》いてきた」「自分には無理そうだ」「ほかの仕事についても調べてみよう」。

どの道を選ぶのも、あなたしだいです。「なるにはBOOKS」が、あなたの将来を照らす水先案内になることを祈っています。

1章

ドキュメント 世界の平和と安全に取り組む国際公務員

ドキュメント 1 ニューヨーク本部とアジア・アフリカの現場で働く

人権侵害や紛争で苦しむ人びとを支援したい

国際連合《こくさいれんごう》（ＵＮ）本部
小野京子《おのきょうこ》さん

執筆者提供（以下同）

小野さんの歩んだ道のり

日本の大学を卒業した後、アメリカの大学院へ進学。大学院卒業後はいったん日本の銀行へ就職するものの、大学院の夏休み中に経験した国連本部でのインターンが忘れられず、退職。外務省が主催《しゅさい》するＪＰＯ試験に応募《おうぼ》し、国連本部政務局アフリカ部に派遣《はけん》される。その後、国連職員採用競争試験（現ＹＰＰ試験）に合格し、現在は国連事務局に所属。

国家の独立の瞬間《しゅんかん》に立ち会う

国連生活15年。その間ニューヨークの国連本部と現場（フィールド）を行き来してきた。2019年11月に本部を抜《ぬ》け出《で》て、今はミャンマー西部のラカイン州に住んでいる。30ほどの国連と国際NGO機関を取りまとめ、主に国内避難民《ひなんみん》の人道支援《しえん》に日々奮闘《ふんとう》している。

世界には貧困や人権侵害《しんがい》で苦しんでいる人びとがまだまだ多くいる。そういった人びとの生活がより良くなるように尽力《じんりょく》したいと思っている人には国連は魅力的《みりょくてき》な職場である。大組織で働く大変さ、国連の限界に直面することもある。その反面、個々の力では解決し得ない大きな問題も国連という組織によって解決策を見出せることもある。この15年間でいろいろと印象深い現場に身を置いてきた。

南スーダン共和国（以下、南スーダン）の独立を決めた2011年1月の国民投票は、特に印象に残っている。私は政務官、そして選挙官として、国民投票が平和に、かつ公平に行われるように南スーダンの首都ジュバで、2010年9月から支援《しえん》活動をしていた。そして、翌年《よくねん》1月9日の投票日、同僚《どうりょう》と朝方4時から現場で待機していた。投票所が開く8時ごろには長蛇《ちょうだ》の列ができており、数時間歩いて投票所にやっと辿《たど》りついた人もいた。20年以上闘《たたか》った末に手に入れた、独立するか否かを決める重みのある一票。いよいよ最初の一人が投票し終えた瞬間《しゅんかん》、人びとの歓声と歌声で大地が震《ふる》えた。このような歴史的なできごとは忘れがたい経験の一つである。

国連で働くにはこれが正しいという道標がないため、キャリア形成が難しい。また、国

スーダン南部で行われた国民投票の投票所

連という海に飛《と》び込《こ》むということは、常に変化する国際情勢に合わせて泳ぎ方を調整し、到着地点を自分で定めることができなければ、生き残れないということでもある。その反面、想像もし得なかったすばらしい機会や人びととの出会いがあり、自分らしい人生を歩んでいけることを意味する。私の経験が少しでも読者のみなさんの人生設計の参考になれば幸いである。

国連職員をめざしたきっかけ

大学は日本、大学院はアメリカ。大学院卒業後、そのままアメリカに留まって仕事をするか迷った末に日本の銀行に就職。長時間労働の生活は忙《いそが》しかったが、良い上司や同僚《どうりょう》に恵《めぐ》まれ、楽しく、プロジェクトファイナンスの仕事をしていた。しかし、自分の仕事のインパクトは何なのか、与《あた》えられた人生をどのように使いたいのか、と悩《なや》んでいた。大学院中の夏に国連本部でインターンとして垣間見た安全保障理事会での真剣な議論、世界中の問題に取り組んで張りきって働いている国連職員。その時のワクワクした感覚が忘れられず、国連で働かないと後悔《こうかい》すると思い、苦渋《くじゅう》の末、銀行を辞めた。人生の大きな決断だった。

その後、念願の国連本部の政務局アフリカ部に日本政府が支援《しえん》するJPO制度で派遣《はけん》された。しかし、後悔《こうかい》しっぱなしの1年だった。その1年は、アフリカ東部で紛争《ふんそう》が起きている国々（スーダン共和国〈以下、スーダン〉、エチオピア、エリトリア）を担当している政務官とともに仕事をさせてもらっていた。政務局とは国連事務局のなかで外務省的な役割を担う部署である。中立性を保ちながら紛争《ふんそう》国《こく》当事者との交渉《こうしょう》、安保理メンバーを含《ふく》めた国連加盟国との密接なやりとりを通し、加盟国の複雑な利害関係を理解しながら紛争《ふんそう》解決の道を探る。政務官とは輝《かがや》かしい印象を与《あた》える仕事かも知れない。しかし、実際は物事を長期的に、かつ包括的《ほうかつてき》に見、研ぎ澄まされた政治力、そして忍耐力《にんたいりょく》が求められる。このなかで、まだ知識も浅く、経験も少ない自分が貢献《こうけん》できることを見極めることは難しく、もがいていた。何度、銀行時代の部長に電話をして再就職させてもらおうと思ったことか！　将来、国連でキャリアを積んでいけるのか不安でもあった。だが、覚悟《かくご》を決めて銀行を辞めてきた以上、簡単に諦《あきら》められないという自分との闘《たたか》いでもあった。

国連事務職員として採用される

自分の北斗七星《ほくとしちせい》を模索《もさく》し続けた1年。現場に行ってみたいという思いが積もっていた。そんななか、たまたまスーダンの国連事務総長特使の特別補佐官《ほさかん》として、1年半、スーダンの首都ハルツームに行く機会を与《あた》えられた。このスーダンでの経験が私の国連人生の原点といっても過言ではない。

3〜4時間しか寝《ね》なくてもよいという情熱的で優秀《ゆうしゅう》なオランダ人の上司のもと、国連がかかわる和平交渉《こうしょう》に求められる根気と能力とはどういうものなのか、そして紛争地《ふんそうち》に派《は》遣《けん》されている国連平和維持活動（PKO）の可能性と限界を垣間見た。この上司とはよく意見を交わしたが、尊敬できる人だったからこそ過酷《かこく》なスケジュールをこなせた。国連安保理で読み上げるスピーチは自分で書くことを好み、安保理メンバーからの難しい質問に難なく対応しつつ、短気な性格でもありながらスーダン紛争《ふんそう》当事者との交渉では何時間でも話を聞くような上司だった。そのもとで多くのことを学んだ。

そんな最中、受けていた国連職員採用競争試験（現YPP試験）に幸運にも合格。正式に国連事務局の職員として採用されることになり、ニューヨークを拠点《きょてん》とした国連人生が始まった。そしてあっという間に15年が過ぎた。その間、本部と現場（スーダン、南スーダン、ミャンマー）を行き来し、国連本部のいろいろな部署で経験を積んだ。一貫《いっかん》して紛《ふん》争地《そうち》での文民保護を目的として仕事をしてきた。

国連職員の職種は多種多様。本部と現場では仕事の内容、求められる能力、そして責任範囲《はんい》も異なり、それぞれにおもしろさがある。現場では自分の仕事のインパクトが感じやすく、支援《しえん》している人たちとの関係も密であり、現場での仕事が私は格別に好きである。しか

ミャンマー・ラカイン州にある避難民のキャンプへ行くため同僚とボートで移動。右が小野さん

し現場派遣中《はけんちゅう》は、仕事が忙《いそが》しすぎて生活のバランスを欠き、体調を崩《くず》してしまう人たちもいる。意識的に息抜《いきぬ》きをし、大切な家族、友人と過ごす時間をつくって、自己管理・体力づくりをしなくては長続きしない。私は運動が好きなため、テニスなどで体力づくりをしている。

　本部と現場、それぞれの仕事を垣間見てもらうため、シリア担当の政務官としての国連本部の仕事、そして現在のミャンマーでの人道支援《しえん》の仕事の1週間を紹介《しょうかい》しよう。

国連本部の仕事

月曜日　朝から、週末に起きた中東地域、そしてシリアでの出来事の情報分析《ぶんせき》で忙《いそが》しい。中東地域全般《ぜんぱん》の状況《じょうきょう》が、日々刻々と変化する。2011年に紛争《ふんそう》が勃発《ぼっぱつ》して以来、シリアはその渦中《かちゅう》にある。私の政務官としての仕事は情勢を見据《みす》えて国連のシリア政策を事務総長や幹部に提言する仕事である。事務総長室から最新情報の要請《ようせい》がいつ来るかわからず、気が休まらない仕事でもある。その要請《ようせい》の提出期限は往々にして1時間後。人道支援《しえん》をしているシリアに駐在《ちゅうざい》している同僚《どうりょう》など、あらゆるネットワークを駆使《くし》しながら常に情報収集をし、分析《ぶんせき》しておく。これらの情報をもとに事務総長や幹部は国連加盟国と協議する。

この週はトルコとの国境沿いに位置するシリア北西部のイドリブ地域の情勢が悪化。そのことを話し合うため事務総長が木曜日にロシアとシリア国連大使と会合、そしてトルコのエルドアン大統領と電話会議をする予定になっている。午後はその提言文の作成に集中。

火曜日　イドリブでは数カ月前から停戦合意が交わされているにもかかわらず、シリア政府が攻撃《こうげき》を強化。情勢は悪化の一途《いっと》を辿《たど》っており、避難民《ひなんみん》の数が増加し続けている。オフィスに到着《とうちゃく》したと同時に金曜日に安保理が緊急《きんきゅう》会合を催《もよお》すことになったとの情報が内々に入ってきた。その会合時に政務局とOCHA（国際連合人道問題調整事務所《こくさいれんごうじんどうもんだいちょうせいじむしょ》）からブリーフィング（簡潔な状況《じょうきょう》説明）要請《ようせい》も来た。それに加えて、事務総長が12時の記者会見でシリア関連の声明文を出すことになった。同僚《どうりょう》の一人が安保理のスピーチの下書きを始め、私は事務総長の声明文の校正を始める。声明文が完成したのが11時。そこから上司たちの承諾《しょうだく》を得て、事務総長室に声明文が届けられたのが11時45分。ギリギリで間に合った。午後は金曜日の安保理会合で合意できる最善策を話し合うために加盟国と会談。

水曜日　午前中は世界中に点在しているシリアの国連関係者とビデオ会議を行う。月に2回開催《かいさい》するのだが、シリアの首都ダマスカス、シリア周辺国、シリア特使のいるジュネーブの同僚《どうりょう》たちと優先事項《じこう》を確かめ合う機会である。この日はイドリブ地域《ちいき》の状況《じょうきょう》改善のために政治的・人道的にどう対処していくべきなのかの案を出し合った。

木曜日　この日は事務総長のシリア会合がいくつか予定されている。私はシリア国連大使との会合に参加し議事録を作成。非公式にシリア、ロシア、そしてトルコ間で交渉《こうしょう》が行われているようである。しかし、シリアとトルコ間での意見の相違《そうい》は大きく、イドリブ停戦復活にはまだ時間を要する。政務官というのは常に平静を保ち、長期的に物事を見なくてはいけないが、解決策が出ない会合の後は無力感と、やるせなさがこみあげてくる。解決策が探し出せないと、イドリブに住んでいる30万の人びとは日々、空爆《くうばく》の恐怖《きょうふ》にさらされ、物資も人道支援《しえん》も届かない生活を強いられ続ける。シリア人の知人は世界、そして国連に見捨てられたとよく嘆《なげ》いている。そう思われても仕方がないほど、紛争《ふんそう》解決の前進が遅《おそ》い。

金曜日　いよいよ安保理会合の日。政務局の局長がわれわれが作成したスピーチを読み、会合は無事終了《しゅうりょう》。しかし、安保理が分離《ぶんり》しており、解決策が見つからず硬直《こうちょく》状態である。安保理国が紛争《ふんそう》当事者としてかかわっているシリア案件では、国連安保理の機能は麻痺《まひ》してしまう。その限られた政治的スペースのなかで国連は紛争《ふんそう》当事者たちと交渉《こうしょう》し、政治的解決方法を模索《もさく》する。リーダーシップと交渉《こうしょう》能力が特に問われる。

忙《いそが》しい１週間が終わったが、シリアの状況《じょうきょう》は悪化し続けており、紛争《ふんそう》の最大限の被害者《ひがいしゃ》であるシリア人を支援《しえん》することができないもどかしさがますます募《つの》っていく。

ミャンマーの仕事

月曜日　ミャンマー・ラカイン州での月曜朝は定例のＯＣＨＡ幹部との電話会議で始まる。それを30分で終え、飛行機に乗るため10時には飛行場に向かった。この３日間はラカイン州のチャウピュー地域にあるロヒンギャ族とカマン族の国内避難民《ひなんみん》キャンプを訪問する予定である。イスラム教徒であるロヒンギャ族はともに暮《く》らしていたラカイン族と２０１２年に衝突《しょうとつ》し、多くの人が家を失い、それ以来、８年間キャンプ生活を強いられている。状況《じょうきょう》はまったく改善されていない。狭《せま》い所にぎゅうぎゅうに押《お》し込《こ》められて、動きを制限されているため、ほとんどの人が生活の糧《かて》を得ることもできない。ＯＣＨＡが取りまとめている人道支援《しえん》でやっと生活している。ロヒンギャ族問題の根底は彼らの国籍《こくせき》認知の問題と関連しており、中長期的な解決策を要する。

国内避難民《ひなんみん》のキャンプは州都のシットウェの近くに20ほど点在し、通常は国連車かスピードボートで行くことができる。しかし、今日訪問するキャンプは離《はな》れていたため、飛行機で行くしかない。今回はＵＮＩＣＥＦ（ユニセフ：国連児童基金）とＵＮＨＣＲ（国連難民高等弁務官事務所）との合同ミッションであり、ＯＣＨＡ事務所のミャンマー人の同僚《どうりょう》も参加。ミャンマー人スタッフの現場の知識、ネットワークを頼《たよ》らずしてこの仕事は成り立たない。チャウピューに昼過ぎに到着《とうちゃく》。

2時半にはチャウピューの政府関係者との約束があるため、昼食は30分間のみ。査察中は予定が常に変化するため、食べられる時にしっかり食べておくことをいつも心がけている。夕方は2012年に同じく国内避難民《ひなんみん》となったラカイン族の人たちと会い、ホテルに戻《もど》ったのは夜7時過ぎ。

火曜日　午前中はロヒンギャ族とカマン族のいるキャンプで意見交換《こうかん》。ミャンマー政府が2020年1月にキャンプを徐々《じょじょ》に閉鎖《へいさ》すると発表しているため、キャンプ内での意見を聞きたかった。多くの国内避難民《ひなんみん》は政府に直接意見することを恐《おそ》れているため、政府との交渉時《こうしょうじ》に彼らの意向を代弁することがよくある。しかし、キャンプ内でもいろいろな利権がかかわっており、意見も多様で複雑である。キャンプのリーダー、女性、若者と個別に話を聞くことで、異なった視点から情報収集をした。

このキャンプにいる女性たちはなぜか明る

移動に使ったヘリコプター。ヘリコプターが着くと大勢の人が集まってきた

い。彼女らは2012年以前は町中に小さい店をもっていた。だが今はその店を失い仕事もできず、また、キャンプ内の教育水準が低いため子どもたちの将来を懸念《けねん》していた。このような状況《じょうきょうか》下でも強く、笑いの絶えない生き方をしている彼女たちのたくましさを垣間見、反対にエネルギーをもらった日だった。

水曜日　10時半にはチャウピューを出て、午後1時過ぎにオフィスのあるシットウエに戻《もど》ってきた。午後はNGO関係者と意見交換《こうかん》をし、明日行くパウトウ地域の事前打ち合わせをしてオフィスに戻《もど》れたのは夜の7時半。この日は息抜《いきぬ》きのためにシットウエにある唯一《ゆいいつ》のテニスコートでラカイン州の現地の人たちとテニスをすることを楽しみにしていたが、査察の疲《つか》れもあり、残念ながら諦《あきら》めた。

木曜日　朝、OCHAのスピードボートでパウトウ地域に行く。来週、そこのロヒンギャ族のキャンプを訪問予定だ。キャンプ内での性暴力が悪化しており、ほかの国連機関から解決策を模索《もさく》するよう頼《たの》まれている。この日はその事前準備としてキャンプの政府責任者にあいさつに行った。初対面で信頼《しんらい》関係がまだないということもあり、あまり突《つ》っ込《こ》んだ話はできなかったが、来週の下準備はできた。

金曜日　この日はラカイン州政府との会合が入っている。政府としては聞きたくない人権侵害《しんがい》のことも伝えながら信頼《しんらい》関係を構築していくのはなかなか難しい。そして州政府に会うたびに解決を要する問題リストは長くなっており、今日はどれくらい長いリストなのかと冗談《じょうだん》ながらに聞かれて会合が始まった。

チャウピュー訪問の感想を共有し、いくつかの問題提起をした。2年ほど前に実行したキャンプ閉鎖時《へいさじ》には人権侵害などでミャンマー政府は国際社会から批判されている。政府にとってキャンプ閉鎖《へいさ》はあまり介入《かいにゅう》されたくない問題ではあるが、国際社会の関心は非常に高い。そのため、この問題をじっくり話し合えるように政府と国連との共同作業部会の設立を提案し、その実現のために数週間かけてきた。やっと今日その合意を得ることができた。小さな前進。

自分をみがいて貢献《こうけん》し続けたい

職業選択《せんたく》に正解というものはない。自分の価値観、強みを活かせ、情熱を注げる仕事を選択することが重要である。そして、何よりも健康管理が大切である。その結果、充実感《じゅうじつかん》に満ち、生きがいのある楽しい人生設計をしていけるのではないだろうか。まだまだ可能性が無限大にある読者のみなさん。ぜひ失敗を恐《おそ》れず自分を信じて変化に対応できる能力、気力をつけていってほしい。自ずと道が開けてくると確信している。

世界が刻々と変化し、国際規範《きはん》というものが崩《くず》されていっているなかで、それに対応しきれていない今の国連に時々もどかしさを感じている。情勢が不安な時ほど国連憲章に則ったビジョンと解決策を提示できる強いリーダーシップが求められている。私は、今は国連という枠組《わくぐ》みを通して、ガンディーが言った「Be the change you wish to see in the world」[*]を理念として自分をみがき、人権侵《しん》害《がい》や紛争《ふんそう》で苦しんでいる人びとの状況《じょうきょう》改善に微力《びりょく》ながらも貢献《こうけん》し続けたいと思う。

＊「自分自身で何も行動を起こさずにまわりや環境の変化を待っていても何も変わらない。世界を変えたいのなら自ら動くのみ」という意の格言。

ドキュメント 2

難民キャンプの医療支援

パレスチナ難民のため医療現場を指揮する

国際連合《こくさいれんごう》パレスチナ難民救済《なんみんきゅうさい》事業機関《じぎょうきかん》（UNRWA）

清《せい》田《た》明《あき》宏《ひろ》さん

執筆者提供（以下同）

清田さんの歩んだ道のり

高知大学医学部卒業。在日アメリカ軍横《よこ》須賀《すか》病院での研修後、結核予防会《けっかくよぼうかい》・結核研究所《けっかくけんきゅうじょ》に勤務。1995年世界保健機構《せかいほけんきこう》（WHO）・東地中海地域事務局（エジプト、カイロ）で結核《けっかく》対策を担当。2001年DOTS*の普及《ふきゅう》に努めたことによりKarel Styblo Public Health賞を日本人ではじめて受賞。WHOでエイズ・マラリア担当のコーディネーターを経て現職。

＊DOTS　Directly Observed Treatment Short Course・直接監視下短期化学療法。

「コロナの時代」の現場

２０２０年はじめから世界的大流行（パンデミック）となった新型コロナウイルスは、この原稿《げんこう》を書いている時点で、全世界で感染者は４３０万人、死亡者は30万人に達している。本稿《ほんこう》は２０２０年5月15日現在の状況《じょうきょう》を報告するものである。

間違《まちが》いなく近代史上最大のパンデミックで、この流行がどのような形でいつほんとうに終わるのか、私にはまったく読めない。しかし確かなことは、この「コロナの時代」の到来によって、今まで私たちがふつうと思っていたこと、あたりまえと思っていたことが大きく変わるということだ。われわれ国際公務員も、まさに今、日々の仕事のなかで実感している。それをふり返りながら、国際協力の重要性、国際公務員になるには何が大事かを考えてみたい。

私は現在、ＵＮＲＷＡの保健局長として勤務している。ＵＮＲＷＡは１９４８年の第一次中東戦争で、現在のイスラエルの地に当時いたパレスチナ人が難民となり、その救済と保護を目的に国連が１９５０年から始めた機関だ。それから70年、現在のパレスチナ難民の総数は５６０万人にのぼりガザ、ヨルダン川西岸、ヨルダン、レバノン、シリアに生活している。

ＵＮＲＷＡの主な業務は、７１１ある学校（小学校と中学校）での教育支援《しえん》と１４１あるクリニックでの医療支援《いりょうしえん》だ。社会保障やマイクロクレジット*も行っている。私はその医《い》療支援《りょうしえん》の責任者だ。

われわれのクリニックは通常、非常に忙《いそが》し

＊マイクロクレジット　低所得層に向けた小口融資。

い。外来は年間約900万件。患者《かんじゃ》の多くは糖尿病《とうにょうびょう》や高血圧（その数およそ28万人）、妊婦（年間約9万人）だが、風邪《かぜ》や腰痛《ようつう》などの一般《いっぱん》外来も多い。医師一人が1日約80人の患《かん》者《じゃ》を診《み》る。非常に多忙《たぼう》である。みなよく働く。医療《いりょう》職員は約3500人、そのほぼすべてがパレスチナ難民だ。クリニックでは電子カルテの導入など、新しい試みも多く行っており、国際的な評価も高い。堅実《けんじつ》なネットワークをもつクリニックである。しかし、「コロナの時代」に、それが激変《げきへん》した。

3月、まず、クリニックの運営が危機に瀕《ひん》した。私が住むヨルダンでは、政府の方針でクリニックを含《ふく》む一般《いっぱん》外来用の医療施設《いりょうしせつ》がすべて閉鎖《へいさ》された。病院での新型コロナウイルス対策に専念することと、混雑によるクリニックでの院内感染を防ぐためだ。ヨルダンにある25のUNRWAのクリニックも閉鎖《へいさ》された。ガザ、ヨルダン川西岸、レバノン、シリアではクリニックの運営は継続《けいぞく》されたが、もともと患者《かんじゃ》が非常に多いので、今まで通りの運営では患者《かんじゃ》・医療《いりょう》従事者間での院内感染が起こる危険性が高い。感染を防ぎながら医療《いりょう》行為《こうい》を継続《けいぞく》するにはどうするか、頭を悩《なや》ませた。

感染対策をしながらの医療行為《いりょうこうい》

UNRWAでの私の仕事は今年で10年をむかえる。2011年末から始まったシリア内戦、2014年のガザでの戦争など紛争《ふんそう》でクリニックが限定的に閉まったことは以前もあった。しかし、すべての地域でクリニックの運営継続《けいぞく》が危機にさらされたのははじめてである。院内感染は怖《こわ》い。職員3500人を守らねばならない。しかし、５６０万人の難民の命が最優先だ。特に、およそ28万人いる糖《とう》尿病《にょうびょう》・高血圧の患者《かんじゃ》の治療継続《ちりょうけいぞく》は、彼らの命にかかわる。

　最終的には、トリアージ*の導入と診療行為《しんりょうこうい》の区別化を決め、新型コロナウイルス対策をしながら医療行為《いりょうこうい》を続けた。トリアージでは、外来患者《かんじゃ》のなかから新型コロナウイルス感染の疑いがある患者《かんじゃ》を見つけ、ほかの患者《かんじゃ》とはクリニック内で動線を別にして治療《ちりょう》するようにした。クリニックの入り口で、看護師が非《ひ》接触型《せっしょくがた》の赤外線温度計を持ち、すべての外来患者《かんじゃ》の体温と咳《せき》の有無を検査する。そこに引っかかった患者《かんじゃ》は別室で診察《しんさつ》する。新型コロナウイルス感染が疑われる場合は、ＰＣＲ検査ができる政府系の医療施設《いりょうしせつ》に転送する。もちろんクリニックの全職員はマスク、手袋《てぶくろ》、ガウンなどの個人用保護具*（防護服）をつける。

　クリニックでの混雑を減らすため外来診療《しんりょう》は優先順位をつけ、できるだけ患者数《かんじゃすう》を減らした。糖尿病《とうにょうびょう》や高血圧の患者《かんじゃ》には通常１カ

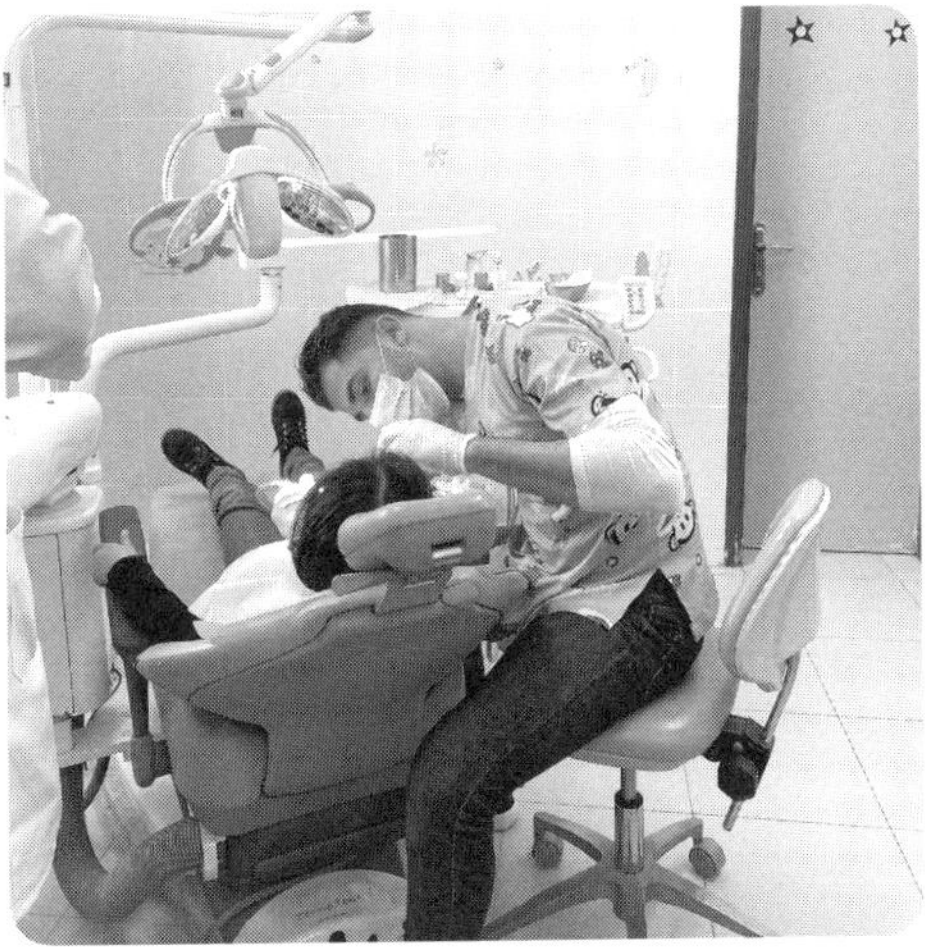

2019年ごろのガザのクリニック。歯科医師が治療中

＊**トリアージ**　患者の重症度に基づいて、治療の優先度を決定して選別を行うこと。
＊**個人用保護具**　Personal Protective Equipment（PPE）。化学物質、放射線、あるいは疾病などの危険有害要因から作業者を保護するために装着するもの。防護服。

月分出す処方箋《しょほうせん》を2カ月分出した。妊婦検診《にんぷけんしん》は高リスク妊娠《にんしん》の患者検診のみを受け入れ歯科医療《いりょう》は停止した。クリニックにはホットライン（電話）を引き、遠隔医療《えんかくいりょう》を心がける。これにより、外来患者《かんじゃ》総数は約半減し、院内感染は2020年5月現在、起こっていない。

もちろん、この変化は患者《かんじゃ》にも負担を強いる。特にヨルダン国内ではすべてのクリニックが閉鎖《へいさ》されたので、糖尿病《とうにょうびょう》・高血圧の患《かん》者《じゃ》に薬剤《やくざい》を自宅まで届けるシステムを急遽《きゅうきょ》つくった。職員はクリニックで患者《かんじゃ》一人ひとりに分けた薬を封筒《ふうとう》に詰《つ》める作業を行う。ヨルダンだけで8万人の糖尿病《とうにょうびょう》・高血圧の患者《かんじゃ》がいる。大変な作業だ。職員はそれを黙々《もくもく》とこなす。実際の配付は地域のボランティアにやってもらった。個人用保護具をつけ、自分の車で配達をしてもらう。その結果、ほぼすべての患者《かんじゃ》に薬剤《やくざい》は配付された。コロナの時代、大変なことばかりではない。新たな、すばらしい可能性も生まれる。

広がる経済社会への衝撃《しょうげき》

ヨルダンでは、新型コロナウイルス対策は今のところ比較的《ひかくてき》うまくいっているが、コロナの時代の苦悩《くのう》は広がっている。2020年5月15日現在の総感染者数は582人。ヨルダンの人口は約1000万人なので、感染者の率は日本の半分以下だ。ヨルダン政府は感染が広がった3月からロックダウンをかけ、外出禁止、公的機関や空港の閉鎖《へいさ》、帰国者の強制隔離《かくり》、他県への移動禁止、店舗《てんぽ》の閉鎖《へいさ》などを行った。感染者が出た地域の封鎖《ふうさ》と接触《せっしょく》者《しゃ》検査も行い、感染拡大を抑《おさ》えている。

実はガザ、ヨルダン川西岸、レバノン、シ

リアの各地域でも同様で、各国政府が同じような封《ふう》じ込《こ》め対策をとり、新型コロナウイルス対策は現在のところ、ある程度うまくいっている。5月15日現在、これら地域の患者《かんじゃ》の総計は１８８３人、そのうち63人がパレスチナ難民だ。

数としては多くないが、この対策が社会経済に与《あた》える影響《えいきょう》は甚大《じんだい》である。短期労働者が職を失い、商業施設《しせつ》で働く従業員の給料が止まった。政府は経済支援《しえん》を進めているが、状《じょう》況《きょう》は厳しい。

ヨルダンのクリニックで19歳《さい》の母親に会った。近くのパレスチナ難民キャンプに住む、9カ月の子どもをもつ母親だ。最近再開された予防接種のため来院。子どもは元気と笑う。生活は、と聞くと、突然《とつぜん》表情が曇《くも》る。夫は建設現場で働く日雇《ひやと》い労働者で、通常は日当が25ヨルダン・ディナール（約３７００円）だが、現在は対策の影響《えいきょう》で工事がすべて止まり、過去3カ月収入はゼロとのこと。非常に大変だ、と話す。どうやって生活を、と聞くと、夫の兄弟の支援《しえん》でなんとか生き延びている、と話す。

新型コロナウイルスによる現代社会最大のショックが、これだ。各国が懸命《けんめい》に対策に追われるなか、社会的弱者が取り残される危険性がある。日雇《ひやと》いのパレスチナ難民は、生活を守るべき失業保険などの社会保障をもたない。本来は感染症《かんせんしょう》という公衆衛生上の衝撃《しょうげき》だが、その衝撃《しょうげき》は社会・経済全体に及《およ》ぶ。

今、求められる対策は

ＵＮＲＷＡは、状況に応じて対応を変えていった。今回、新型コロナウイルス対策のための緊急支援《きんきゅうしえん》アピールを2回出した。最初は3月、2回目は5月だ。緊急支援《きんきゅうしえん》アピールとは、新たに生じた緊急《きんきゅう》事態に対応するため、国際社会に支援《しえん》を要請《ようせい》するものだ。第1弾は総計1400万米ドル（約15億円）だが、その支出の多くは防護服の購入《こうにゅう》など、医療《いりょう》関係者向けであった。緊急《きんきゅう》の公衆衛生対応を進めるためだ。ただ、経済状態の悪化が進んだため、5月に第2弾を出した。総計9400万米ドル（約100億円）だ。今回は、貧困に苦しむパレスチナ難民への現金扶助《ふじょ》など、社会保障支援《しえん》が大部分になった。

国際的な開発アジェンダである、持続可能*な開発目標（SDGs）は、〝誰《だれ》も置き去りにしない〟が普遍的《ふへんてき》目標だ。今回、その重要性が再認識された。ウイルスは人間社会にある国境、地域、人種、社会、すべての境界にまったく関係なく拡がる。すべての人を助けなければ、新型コロナウイルスの対策は成功しない。そのさい、決して忘れてはならないのは、パレスチナ難民のような社会・経済的弱者の存在だ。誰《だれ》も置き去りにしない包括的《ほうかつてき》な新型コロナウイルス対策とその支援《しえん》、それが求められている。

国際公務員が現場で仕事をするには

私は現在、UNRWAの職員だが、もともとWHOの職員であり、本来の専門分野は結《けっ》核《かく》対策である。それが10年前、上司の勧めと要請《ようせい》で、UNRWAの保健局長になった。UNRWAの仕事は、前述のようにクリニックの運営がすべてだ。糖尿病《とうにょうびょう》あり、妊婦検診《にんぷけんしん》あり、風邪《かぜ》あり、薬局あり、検査室ありのすべてのサービスが含《ふく》まれる。職員の給料の交《こう》

＊**持続可能な開発目標（SDGs）**：Sustainable Development Goals。国連サミットで採択された、2030年までに持続可能でよりよい世界をめざす国際目標。17のゴール、169のターゲットから構成される。

渉《しょう》もある。薬剤《やくざい》の購入《こうにゅう》もする。年間約130億円の予算、3500人の職員、外来900万件、住民（パレスチナ難民）560万人。そして今、コロナの時代だ。

やりがいはある。何よりも職員がすばらしい。よく働く。伝統もある。70年にわたってパレスチナ難民の命を守ってきた、という自負がみなにある。この仕事ができて、ほんとうに光栄だ。ただ、たいへんな仕事であることは確かだ。一筋縄《ひとすじなわ》ではいかない。問題山積。では、そのなかで、現場できちんと仕事をするには何がいちばん大事か。私が学んだことは以下の5点だ。

まずは**考える力**の必要性だ。学歴・経歴は、もちろん大事だ。ただ、最終的には、自分の考える力がすべてだ。目の前の問題において、時に答えはまったくない。あたりまえだ。も

シリアのダマスカスにあるクリニックで。後列左から３番目が清田さん

し、すべての問題に答えがあれば、世の中はもっと良くなっているはずだ。問題を、その本質を理解しながら、多角的に考える、そして、考えられる最善の答えを出し、それを実現する方法を探る。その力が求められている。英語でいうcritical thinkingだ。とてもたいへんな作業だが、努力をし続けるしかない。しかしそれは、とても楽しい作業でもある。特に考えている時はとても楽しい。

非常に単純な例だが、新型コロナウイルスの危機でクリニックが閉まりそうになった時の考え方が、それにあたる。院内感染を防ぐためにクリニックを閉めることは可能であった。ただ、それでは患者《かんじゃ》の命を守れない。でも、通常通り運営を続けると、院内感染が拡大する。ではどうするか。

まず院内感染を防ぐには、感染の恐《おそ》れのある患者《かんじゃ》の動線を別にし、ほかの患者《かんじゃ》・職員との接触《せっしょく》を減らす。そのためトリアージを導入し、職員には防護服を提供した。それとともに命を守る診療《しんりょう》は続けないといけない。そのため、治療継続《ちりょうけいぞく》がもっとも大事な患者《かんじゃ》を選んだ。それが糖尿病《とうにょうびょう》・高血圧患者《かんじゃ》だ。ただそのなかでも優先順位をつけた。最優先は、1型糖尿病《とうにょうびょう》や高齢《こうれい》の患者《かんじゃ》だ。1型糖尿病《とうにょうびょう》の患者《かんじゃ》はインシュリン注射が止まると2週間強で命にかかわる。高齢患者《こうれいかんじゃ》は感染すると致死《ちし》率《りつ》が高い。ＵＮＲＷＡのクリニックの電子カルテを利用して70歳《さい》以上の糖尿病《とうにょうびょう》・高血圧患者《かんじゃ》のリストをつくり、各診療所《しんりょうじょ》に特別のケアをお願いした。

当初、サービスの「限定化」には反対もあった。ただ、それがその時の最善の策だと判断し、みなと話しながら進めていった。幸いにして今のところ、われわれのクリニックで院内感染は起きていない。そして、すべての糖尿病《とうにょうびょう》・高血圧患者《かんじゃ》が薬剤《やくざい》を受け取った。

怒《おこ》る力も大事だ。国際協力の現場では、不条理の連続だ。なぜ、と思うことが多い。特にわれわれが支援《しえん》する難民のような社会的弱者には、彼らが住む社会の問題が集積する。ものすごい不条理を目にする。それに対して憤《いきどお》りを感じられるか、それが勝負の分かれ目になる。もちろんその不条理の多くは、われわれ個人、あるいは国連など国際機関では解決できないことが多いが、だからといってそれを受け入れると、ものごとはまったく進まない。仕事もおざなりになる。というか、仕事をする意味がない。

　クリニックで会った前述の19歳《さい》の母親。結《けっ》婚《こん》は17歳《さい》。夫は建設現場の日雇《ひやと》いだが、過去３カ月は失業している。途上国《とじょうこく》の難民によくある事例だ。正直、目新しい事例ではまったくない。ただ、それを、そのようなものだと受け入れてしまうと、すべてが終わってしまう。結婚《けっこん》２年目で子どもが生まれて元気であれば、本来なら夢《ゆめ》と希望にあふれる日々のはずだ。子どもの成長、家族のつながり、それをわれわれ一人ひとりが望むのはあたりまえのことだ。それが奪《うば》われるということは、決して受け入れられないし、あってはならないことだ。それに対する怒《いか》りや憤《いきどお》りを感じることはわれわれの仕事の基本だ。

　怒《おこ》る力と表裏一体なのが**泣く力**だ。感動する力でもある。このたいへんな時代のなか、がんばっている人が多い。つらいからこそがんばり、厳しいからこそ明日をめざす。今まで、多くのすばらしい人たちに会ってきた。

クリニックに来られない患者《かんじゃ》のために薬剤《やくざい》を自宅配付するボランティアの青年や、ガザの戦争中、患者《かんじゃ》がいるからと身の危険を顧《かえり》みずクリニックに出勤する医師など、枚挙にいとまがない。それに感動し、時に涙《なみだ》を流すことはとても大事だ。人間が本当の意味で感動するのは人間の心だけだと思っている。それを大事にしている。

聞く力も重要だ。われわれの仕事は、現場での問題を解決することだ。そのためには現場の人であるパレスチナ難民やクリニックの職員から話を聞くことが大事だ。そうでなければ独りよがりになる。ただ、その時、聞く力が大事になる。漫然《まんぜん》と聞いていてもダメだ。本当の問題が何か、それを考えながら、相手のことをよく聞き、質問していく。

今回の新型コロナウイルス対策の一環《いっかん》である難民キャンプを訪ねた。学校はすべて閉まり、遠隔《えんかく》教育が続いている。その実情視察のためだ。子どもがいる家族を何軒か訪ねた。子どもたちは元気で、携帯《けいたい》電話やネットで遠《えん》隔《かく》教育を受けていた。ただ、彼らの生活環境《かんきょう》が気になった。家賃・仕事・収入をくわしく聞いていった。すると、訪問した家族のうち、大人はすべてが失職中か休職中であった。仕事を聞くと全員清掃員《せいそういん》であった。ヨルダンでは低賃金労働である。今後の教育のあり方を根本的に変える必要があるのでは、と後でみなと話した。

英語の力はほんとうに大事だ。今は帰国子女も多く、英語が堪能《たんのう》な若い人も多い。ただ一般論《いっぱんろん》として、日本人の英語力は弱い。日本人は、英語は読めるし書けるけど話せない、と言われる。正直な感想は、日本人は、英語は読めないし書けないし話せない、だ。もちろん、そうでない人もたくさんいる。

一つの事例をあげると、映画の最後に関係者や関係機関の名前が、大量に速いスピードで出てくる。それが英語の場合、一つひとつの名前は私には読めない。それが日本語の場合は確実に全部読める。単純化しすぎているが、英語が読めるとは、そういうことだ。

そのためには努力しかない。WHOに入った当初、書いたメモが上司から真《ま》っ赤《か》に添削《てんさく》されて返されてきた。英語のミスだ。どうしてよいかまったくわからず、途方《とほう》にくれた。当時は1995年、エジプトにいた。ネットや携帯《けいたい》電話もない。衛星放送もまだだ。考えた末、英文を大量に読むことにした。イギリスの経済誌『エコノミスト』を毎週買って、電子辞書を片手に家や出張中の機内、ホテルでひたすら読んだ。それがほんとうに良かった。

英語の力をつけるには、と聞かれれば、「読むのがいちばん」と答える。毎週『エコノミスト』を買って読む。今はタブレットがあるので、アメリカの新聞『ニューヨーク・タイムズ』紙も毎日読む。それがいちばんの英語力のつけ方だ。単語力、読解力がつき、そして、何より時事に強くなる。仕事での会話・議論ではさまざまな事例があがる。現在の政治・経済状況《じょうきょう》に通じていないと、内容がまったく不明のことがある。英語の理解力の改善は英語だけの問題ではないのだ。

大きな変化の時代に

コロナの時代、国際社会・国際協力のあり方が大きく変わってきている。感染症《かんせんしょう》を防ぐには、国境を守り、国内を守り、外敵（ウイルス）を入れない、という考えを取る国が多い。ある意味、あたりまえだ。国際協力にとっては冬の時代かもしれない。

ただ、新型コロナウイルスは、「世界はつながっている」「世界的な問題の解決には世界が共同して仕事をするしかない」という普遍《ふへんてき》的な重要性を、如実《にょじつ》に示している。これほど国際協力が必要な時代は、はじめてかもしれない。未来は実は明るいのだ。

この本の読者である若い方々は、ぜひ世界に飛び出していただければと思う。考える力、聞く力をつけて、それに対する憤《いきどお》りや怒《おこ》る力をもとに、英語を身につけ世界で働いてほしい。すばらしい時代が来ている、と心から信じて。

ドキュメント 3 タンザニアで健康課題の解決に挑む

保健システムを強化し医療サービスを届ける

国連児童基金《こくれんじどうききん》（UNICEF）
タンザニア事務所《じむしょ》
渋井《しぶい》 優《ゆう》さん

執筆者提供（以下同）

渋井さんの歩んだ道のり

高校時代の留学がきっかけでイスラム系やアラブ系移民の存在や語学の苦労などに向き合う。帰国後にNGO活動に参加し、保健医療《いりょう》制度や公衆衛生分野への興味が芽生える。大学・大学院では保健師資格を取得し、東京《とうきょう》都地方公務員として就職。その後アメリカで公衆衛生学修士を取得し、留学修了《しゅうりょう》・卒業と同時期にJPO試験に応《おう》募《ぼ》し、UNICEFへ派遣《はけん》される。

世界から信頼《しんらい》されるUNICEF

第二次世界大戦の犠牲《ぎせい》となり、困窮《こんきゅう》している何百万人もの子どもに食べものや衣類、保健・医療《いりょう》サービスなどの支援《しえん》を届けるため、1946年12月の国連総会で、国際連合国際《こくさいれんごうこくさい》児童緊急基金《じどうきんきゅうききん》（現UNICEF）の設立が採択《さいたく》された。それ以降70年以上ものあいだ、主に低・中所得国の子どものために、それぞれの国のニーズに応じた支援《しえん》を提供し続けている。長い歴史と知名度の高さ、そしてこの間に培《つちか》ってきた強い信頼《しんらい》関係のおかげで、国のトップレベルの首相や大臣のみならず、僻地《へきち》の小さなコミュニティーに行っても、UNICEFを知らない人はおらず、その存在を受け入れ、私たちUNICEF職員の言葉に耳を傾《かたむ》けてくれる。

東南アフリカでの支援《しえん》

タンザニア連合共和国（以下、タンザニア）はアフリカ大陸の東側、赤道のやや北側に位置する、人口約5000万人を有する東南部アフリカの国々のなかでは大きめの国だ。年間人口増加率は世界でトップクラスに位置していること、自然災害や民族紛争《ふんそう》などの大規模な災害が少なく比較的《ひかくてき》安定していることから、今後大きく発展していくことが期待されている国の一つだ。とはいえ、タンザニアで暮《く》らす人びとの生活はまだまだ厳しい状況《じょうきょう》にある。たとえば、世界銀行の貧困ライン（一日1・9ドル）以下で暮《く》らす人口はいまだに全人口の半数ほどを占《し》めている。また、2018年の国連統計データによると新生児死亡数（出生後28日未満で命を落とす子どもの数）は約5万人と高水準であり、早急に解決しなくてはならない課題は山積している。共通言語はスワヒリ語で、多くの人びとは大らかでのんびりしているのが特徴《とくちょう》だ。

保健・栄養専門家という仕事

私はUNICEFタンザニア事務所で、保健・栄養専門家として働いている。仕事は保健システム強化に関連する分野のプロジェクト管理である。

保健システム強化の分野では、データに基づく政策・意思決定を国・県・市町村・医療《いりょう》機関のすべてのレベルで行えるよう技術的な支援《しえん》をしている。データの量と質の向上に向けてタンザニア国政府と国連などの援助《えんじょ》機関をつなぎながら、既存《きぞん》の医療《いりょう》情報システムの再構築とその配備・展開を行う。

地域の保健センターでデータ管理について、医師や看護師から聞き取りを行う。右が渋井さん

たとえば、私が担当しているあるプロジェクトを紹介《しょうかい》する。このプロジェクトはマイクロソフト社の創設者であるビル・ゲイツとそのパートナーのメリンダによる財団からの資金的援助《えんじょ》を受け、地方政府がデータに基づく保健計画を立案できるように支援《しえん》している。

地方政府がデータを使って保健計画を作成するのは、地域によって健康課題が異なるからだ。一例をあげると、タンザニア国内でも、ＨＩＶ／ＡＩＤＳの感染症率《かんせんしょうりつ》は県によって大きく異なる。予防接種の接種率も、高い県は１００％に近いが、低い県では60％レベルに留まっている。マラリアの感染率も、暖かい海辺のエリアと涼《すず》しい山間部では大きな差がある。これにより、必要となる薬品、人員、医療施設《いりょうしせつ》の配備、研修内容などが異なってくる。まずは、国の保健省レベルで計画立案の基本的プロセスを理論的に構成したガイドラインをつくり、それをもとに地元の国立大学の研究者やＮＧＯの専門家たちと協働して研修プログラムをつくっていく。そして、県レベルの保健医療《いりょう》チームに研修を実施《じっし》し、その研修を受講したメンバーが実際に市区町村レベルの保健チームに教え伝え、実際の保健計画を立案する。

自分たちのデータを使い、自分たちの地域の健康課題に適した保健計画をつくることで、実際にどれくらいの罹患率《りかんりつ》や死亡率の減少につながっているのか、という検証を数年がかりで行っている。同様のプロジェクトは、ＵＮＩＣＥＦの各国の事務所によって、タンザニアだけでなくケニア、ウガンダ、マラウイで実施《じっし》されており、このプロジェクトの成果がどのくらい地域に貢献《こうけん》するのかを統計的に検証することも含《ふく》まれている。検証結果を取りまとめたレポートが、世界中の人びとに読まれ、各国の保健政策の立案の参考となることが期待されている。

実践《じっせん》からエビデンスを積み上げるというプロジェクトは、各国に事務所があり、政府と親密な信頼《しんらい》関係があるUNICEFだからこそできる分野である。ゲイツ財団などから財源の提供を受けて、蓄積《ちくせき》を重ね、ほかの国でも活用してもらえるよう貢献《こうけん》できれば、という思いで業務に挑《いど》んでいる。

調整役の私は、ドナー（UNICEFに資金を提供してくれている団体。日本国政府やビル&メリンダ・ゲイツ財団など）への企画《きかく》案《あん》を作成したり、資金をすでに提供してくれているドナーにその進捗《しんちょく》報告レポートを書いたりしている。企画書《きかくしょ》やレポートの作成のさいには、統計データをもとにストーリーを紡《つむ》ぎだす必要があり、大学・大学院で学んだ理論や統計分析《ぶんせき》方法が役に立っている。また、資金管理報告もドナーへの説明責任として大事な仕事である。

多くの時間を割くのが、現地のパートナーとの調整である。私の担当は保健医療《いりょう》なので、まずは必ず中央政府の保健省と話し合いをもつ。予算を調整し、実際にプロジェクトの実《じっ》施《し》を担当する現地NGOなどを選定し、プロジェクトをデザインし、同時に保健省の官僚《かんりょう》と調整する。計画が理屈《りくつ》通りにいかないのがプロジェクトの実際であり、壁《かべ》にぶつかることばかりだ。政府との予算の調整は、きれいごとでは片付かないことも多く、厳しい議論を積み上げる過程は毎度のことながら胃が痛くなる。しかし、そのなかで調整がうまくつき、プロジェクトがなんとか良い方向に実施《じっし》され、最終受益者であるコミュニティーの母親や子どもたちに喜んでもらえた、という報告を受けるとやりがいを感じる。それまでの苦労がなかったかのように同僚《どうりょう》と喜べる日々があるからこそ、前を向いていける。

格差と健康問題

15歳《さい》の高校生1年生の時、交換《こうかん》留学プログラムでフランスの南プロバンス地方の小さな村にホームステイし、地元の公立高校に1年間通った。その地域は、太陽と自然の恵《めぐ》みを求めてヨーロッパ各地から移り住んできた人びとと、事情を抱《かか》えてこの地にやってきたアフリカ北部からのイスラム系やアラブ系移民が入り交じった多様な人種で構成されていた。

フランス語がとても下手《へた》で、十分にコミュニケーションをとれない私に優しく手を差《さ》し伸《の》べてくれたのは、イスラム・アラブ系のバックグラウンドをもつクラスメートたちだった。彼らは、長期間の休暇中《きゅうかちゅう》は、観光地や農場でアルバイトをし、家計を支えていた。給食費を払《はら》えない家庭の子は、給食の時間にはいっしょにカフェテリアには行かずにさっとどこかへ消えて、午後の授業になると何食わぬ顔をして戻《もど》ってきていた。このフランスでの1年は、東京では格差に無関心であった私が現実に向き合う原体験となった。なかでも、もっとも悲しいと思ったのが、医療費《いりょうひ》を気にするあまり、インフルエンザに罹患《りかん》したさいにも病院に行くことを躊躇《ちゅうちょ》する友人を目の当たりにした時だ。結局、彼女は症状《しょうじょう》をこじらせて2週間近く学校を休んだ。ふり返ってみると、これが、保健医療《いりょう》制度に関心をもったきっかけだったかもしれない。

公衆衛生の道へ

日本に戻《もど》ってからは、東京のターミナル駅で夜間段ボールで寝泊《ねと》まりしているホームレスの人びとの状況《じょうきょう》に関心を持ち、炊《た》き出《だ》しや医療《いりょう》相談を行っているNGOの活動に参加するようになった。その時に、医療《いりょう》従事者とふれあい、彼らの献身的《けんしんてき》な仕事ぶりに大いに影響《えいきょう》を受けた。周囲の大人から助言も受けながら、外国語や海外への興味、保健医療《いりょう》制度への興味、身体的な課題に加えて社会的な課題を抱《かか》えている人たちへの公共保健サービスなどを専門とする職業に就くには、公衆衛生という学問を学ぶ必要がありそうだ、という結論に達した。

まずは自分の生まれ育った土地で働きたい

UNICEF の保健部署のチームと職場で。右から３人目が渋井さん

との思いから、学部・大学院と日本国内の大学で学んだ後、地方自治体（東京都）に保健師として採用され保健所に勤務する機会を得た。保健所では、さまざまな内容の業務を経験できた。主に、自分に割り当てられた地域の、精神保健および難病に関する健康課題をかかえている人びとを適切な制度・サービスにつなげるケースワークを担当した。

保健制度がどのように機能し、どのように人びとの生活を支えているのかを間近に見られたことは、現在、とても役に立っている。つくっている制度がどのようなプロセスを辿《たど》って最終受益者の生活を支えることになるのかを想像する助けとなるからだ。

保健師として働き始めてから数年後、公衆衛生学修士（MPH）をアメリカで取得する留学機会に恵《めぐ》まれ、仕事を辞めてアメリカに留学する。そこには、公衆衛生を志し、世界中からやってきた優秀《ゆうしゅう》な同世代のクラスメートが集まっていた。苦しみながらもその友人らとともにたくさん勉強した経験は、人生の財産になり、自信にもつながった。

UNICEFに出合ったのは、留学中に在籍《ざいせき》した大学が主催《しゅさい》する就職説明会だった。UNICEFの人事担当者から、日本の外務省が行っているJPO派遣《はけん》制度についてくわしい説明を受け背中を押《お》され、留学修了《しゅうりょう》・卒業とほぼ同時期に応募《おうぼ》することになった。面接中に「過去の経験、やりたいこと、そして興味や関心はほかの国際機関よりもUNICEFがフィットするのではないか」との助言もあり、UNICEFへの派遣《はけん》が決まった。

JPOとして3年間、東南部アフリカの21カ国を統括《とうかつ》する、ケニア共和国（以下、ケニ

職場の玄関で。後ろの壁には SDGs のアイコン

ア）の首都にあるナイロビの東南アフリカ地域事務所に勤務したのち、現在のタンザニア国事務所に移った。現在の事務所はまだ２年目で、ビジネスモデルが以前勤務した地域事務所とまったく異なる。そのため、学び、吸収しなくてはならないことがまだまだたくさんある。現在はタンザニア国政府と強固な信《しん》頼《らい》関係を築き、この国の保健システムの向上に寄与《きよ》する人材になるべく、研鑽《けんさん》を重ねていきたいと考えている。

働いていていちばんうれしく感じるのは、子どもたちの人権保護という価値観を、ＵＮＩＣＥＦの同僚《どうりょう》と当然のように同じ文脈で共有できることだ。そして、私たちを信じて資金を投資してくれるドナーの方々を裏切りたくない一心で、仕事に打《う》ち込《こ》むことができている。

自分の思いを大切にすること

私はあまり長期的なキャリアプランをもってはこなかった。UNICEFで働くことが最終目的というわけでもない。思うようにものごとが運ぶこともあるし、そうでないことも多くある。ただ、幸運だったことは、公衆衛生や社会疫学《えきがく》、そういった学問分野に出合い、尊敬できる人物（実際に出会えた人たち、本や教科書のなかで出会った人たちも含《ふく》めて）に、現在に至るまで影響《えいきょう》を受けたことであろう。漠然《ばくぜん》とながらも、それによって「人間としてこうありたい」という大きな希望をもち続けてこられた。

また、最初の職場で、地方公務員の保健師として、健康課題をもつ地域住民を支援《しえん》することを経験できた。この経験により、より良い保健制度をつくることの意義を確信し、この分野で仕事を続ける覚悟《かくご》のようなものが私のなかに芽生えた。目の前の仕事に真剣《しんけん》に向き合うことで、周囲の先輩《せんぱい》が私の適性にいつの間にか気付き、助言してくれることもあった。それらの言葉から自分の目標のようなものが見えてきて、つぎのステップにつながったのではないか、と考えている。

どの組織もそうかもしれないが、国際機関の存在意義は流動的で日々刻々と変化している。国際社会のなかで、各機関のあり方が今後もこのまま続くことはまずないだろう。どの機関や企業《きぎょう》で働きたいのかを、若いうちから定める必要はなく、それよりも自分がどういう立場で誰《だれ》（どういう対象者）に対して何をするか、どのような職業を通し貢献《こうけん》したいかを軸《じく》に、小さな決定を一つひとつ積み上げ、経験を重ねていくことが大事なのではないか、と自分に言い聞かせている。

公衆衛生の学問の考え方に、「人間はみながみな、同じように社会・精神・身体的な強《きょう》靭《じん》さを備えて生まれてくるわけではないのだから、せめてできる範囲《はんい》でたがいに助け合いながら、公共の制度が戦略的にその差を埋《う》める役割を担うべきだ」というものがある。とてもしっくりとくる考えで、今日までこの分野で仕事ができることを幸せだと感じている。

この本を読んでいる若いみなさんが、自分のなかに情熱を感じられる学問分野に出合うことができ、それに熱中することができる平和な社会であり続けてほしい。私のまわりの大人が、かつて私にそうしてくれたように、今度は私が若い世代にお手伝《てつだ》いをしたい。

プロジェクトを実施する自治体の保健医療管理チームと。左から３番目が渋井さん

2章

国際公務員の世界

日本と国連とのかかわり

国際連合の発足と日本の加盟

日本の加盟は第二次世界大戦終結から11年後

みなさんは過去に人類は二つの大きな戦争、すなわち第一次世界大戦と第二次世界大戦を経験したことをご存じでしょう。

第一次世界大戦（1914～1918）のあと、戦後処理を話し合うため、パリ講和会議が開かれました。そこでアメリカ合衆国大統領T・W・ウィルソンはそれぞれの国のあいだの利益や紛争《ふんそう》について討議し、問題を解決するためには国際機関の設置が必要だと呼びかけました。その結果、「民族国家の総合的な連合」を実現させるためにスイスのジュネーブに国際連盟が設立されました。

新渡戸稲造《にとべいなぞう》氏をご存じですか。彼《かれ》は国際連盟初代事務次長、すなわち、国際連盟のナンバー2として活躍《かつやく》した人です。彼が日本人国際公務員第1号です。

国際連盟は残念ながら、主唱者であったアメリカが参加しなかったことでリーダーのいない出発となりました。そのため、各国の主張を調整することに失敗し、結果的には第二次世界大戦（1939〜1945）を回避《かいひ》することはできませんでした。

第二次世界大戦後、前述の失敗を反省し国際平和を実現・維持《いじ》させるために国際連合（以下、国連と略す。UN：The United Nations）が設立されました。

国連の設立目的は、
・諸国間の平和と安全を維持《いじ》すること。
・諸国間の友好関係を発展させること。
・経済的、社会的、文化的および人道的問題を解決し、人権および基本的自由の尊重をはかるために国際協力を行うこと。
・これら共通の目的を達成するために、諸国間の活動の調和を図るための中心的な存在となること。
です。

また、国連はつぎのような原則に従って行動しています。
・すべての加盟国の主権平等の原則を基礎《きそ》とする。

・すべての加盟国は、世界の平和と安全と正義が国際紛争《ふんそう》によって脅《おびや》かされることのないように、平和的手段によって紛争《ふんそう》を解決する。
・すべての加盟国は、いかなる国に対しても武力による威嚇《いかく》や武力の行使を慎《つつし》む。
・すべての加盟国は、国連が憲章に従って行動をとる場合には、いかなる援助《えんじょ》も惜《お》しまない。また、国連が防止行動あるいは強制行動を取っている国に対しては、みだりに援助《えんじょ》してはならない。

このような目的・原則を実現させるため、1945年、中国《ちゅうごく》、フランス、ソ連《れん》、イギリス、アメリカを中心として51カ国が加盟し、国連が発足しました。2020年9月現在、193カ国が国連に加盟しています。

日本の国連加盟は、敗戦という歴史も影響し、遅《おそ》いものとなりました。日本は第二次世界大戦で負けた後、5年間アメリカに統治（占領《せんりょう》）されました。1950年に日本はサンフランシスコ講和条約によって諸外国から独立国として認められ、国連入りの基盤《きばん》はできました。その後、種々の政治的経緯《けいい》によって、日本は1956年に80番目の加盟国として国連に加盟することができました。

国連が創設されてから75年以上の歳月《さいげつ》が過ぎました。この間に米ソの冷戦の時期が長く続きましたが、ベルリンの壁《かべ》の崩壊《ほうかい》を契機《けいき》に冷戦は終結しました。その後、平和な社会の実現が期待されましたが、現実にはいまだに世界各地で紛争《ふんそう》が起きています。

国連への評価はアメリカが２００３年に起こしたイラク戦争を未然に防ぐことができなかったことを契機《けいき》に低下しました。しかし、一国では解決できない地球温暖化や新型コロナウイルス感染対策など地球規模の問題は増加しています。

みなさんは最近ＳＤＧｓ（エス・ディー・ジーズ）という言葉を耳にしませんか。ＳＤＧｓは国連主導の持続可能な開発目標（Sustainable Development Goals）を意味します。17のグローバル目標と１６９の達成目標から構成され、全世界の構成員が２０３０年までに達成することをめざす目標です。グローバル時代の現代、国連が果たす役割は大きいといえます。

SDGsの17のアイコン（国際連合広報センターのホームページより）

六つの主要機関と、総会により設立された機関・専門機関がある

国際公務員が働く国際機関

国際機関とは、多国間の共通の利益のために設立された機関で、運営資金が加盟国（各国政府）によって負担されるものをいいます。このなかにはつぎのものが含《ふく》まれます。

まず第一は国連です。これは図表2に示すように総会、安全保障理事会、経済社会理事会、国際司法裁判所、信託統治理事会、事務局の六つの主要機関から成り立っています。国連の下に、総会の決議により設立された機関があります。図表2の左上に示すように、国連開発計画《こくれんかいはつけいかく》（ＵＮＤＰ）、国連児童基金《こくれんじどうききん》（ＵＮＩＣＥＦ）、国連難民高等弁務官事務所《こくれんなんみんこうとうべんむかんじむしょ》（ＵＮＨＣＲ）などです。さらに、国連から独立したものとして図表2の左下に示されている国連食糧農業機関《こくれんしょくりょうのうぎょうきかん》（ＦＡＯ）、世界保健機関《せかいほけんきかん》（ＷＨＯ）などの専門機関があります。

図表2 国際連合機関図

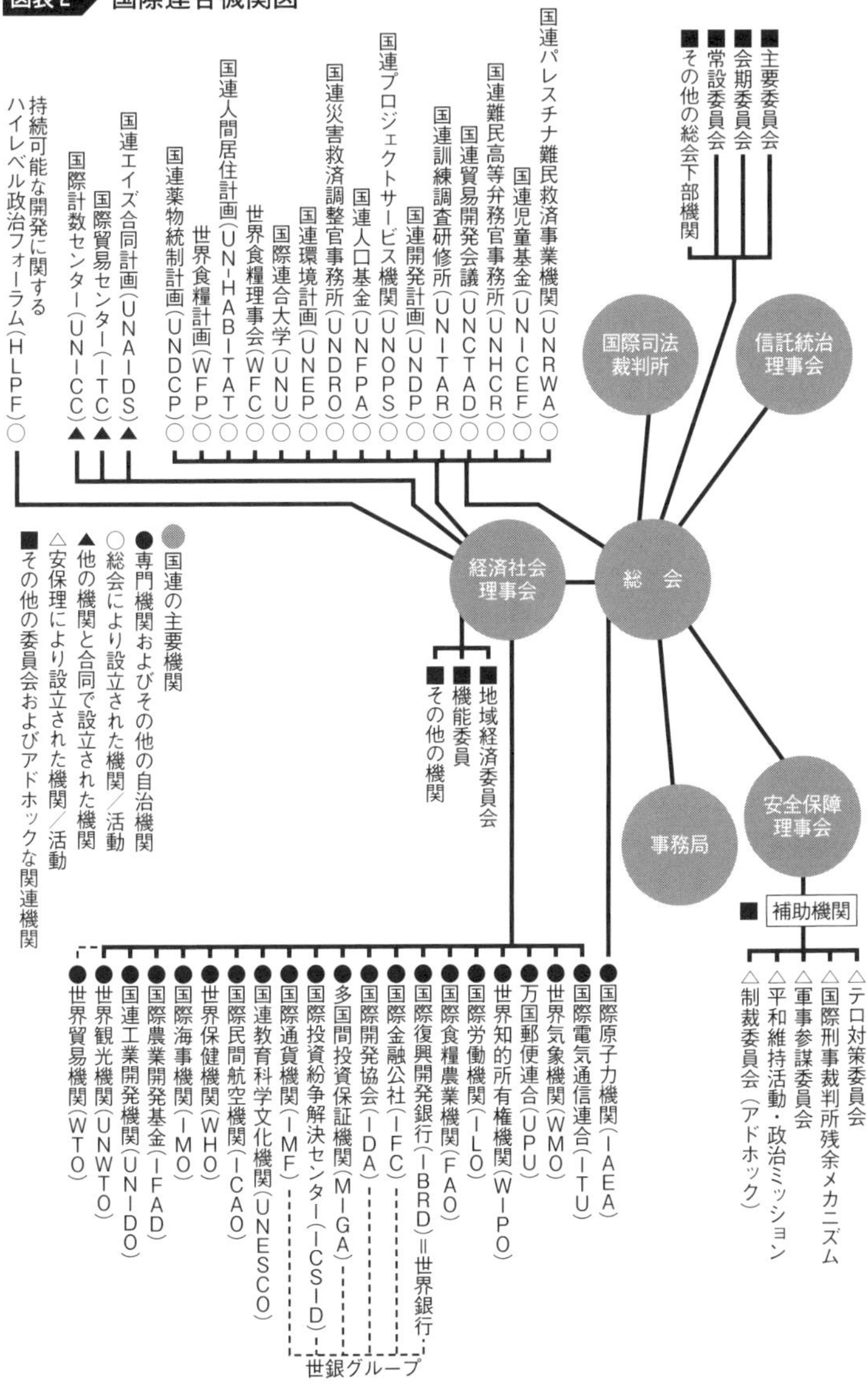

2019年8月国連広報センター発行「国際連合システム」より作成。

これらの機関の活動の調整機能を果たしているのは、総会の下に置かれている経済社会理事会です。主要な機関の活動の概要については後述しますが、これらの国際機関で働く職員が国際公務員と呼ばれます。

国連システム

専門機関はそれぞれ独自の条約に基づいて設立されており、法律的には国連とは独立した自治組織です。また、その運営についても、各機関の独自性が守られています。けれども、国連はこれら専門機関と特別協定を結び、相互《そうご》に密接な協力関係を保っています。

国際機関の多くは、勤務条件、給与《きゅうよ》、職員の採用、職務の分類法について同一の制度を採用しています。職員が同じ勤務地で同種の仕事をしている場合、働く機関が異なっても、同一の給与《きゅうよ》と待遇《たいぐう》を受けます。この制度は国連共通システム*と呼ばれています。制度の運用は国際人事委員会《こくさいじんじいいんかい》（ＩＣＳＣ）が担当しています。

一方、国連最高執行委員会《こくれんさいこうしっこういいんかい》（ＣＥＢ）*は国際機関のトップレベルの調整を行っており、各機関の職員に関する統計を毎年作成しています。図表3にＣＥＢに加盟している38機関を、図表4にこの38機関で働く職員数を示しました。本書で「国連システム」という用語を使用する場合には、図表3に示した機関を総称しています。世界銀行グループ、すなわ

＊国連共通システム　United Nations Common System
＊CEB　Chief Executive Board of Coordination の略

図表3 国連システム内の38機関

1 国際連合

UN：国際連合*
（United Nations）
ICSC：国際人事委員会
（International Civil Service Commission）
UNJSPT：国際連合合同年金基金
（United Nations Joint Staff Pension Fund）

・国連総会によって設立された機関（総会下部機関）

UNDP：国連開発計画
（United Nations Development Program）
UNFPA：国連人口基金
（United Nations Population Fund）
UNOPS：国際連合プロジェクト・サービス機関
（United Nations Office for Project Service）
UNHCR：国連難民高等弁務官事務所
（Office of the United Nations High Commissioner for Refugees）
UNICEF：国連児童基金
（United Nations Children's Fund）
UNRWA：国連パレスチナ難民救済事業機関
（United Nations Relief and Works Agency for Palestinian Refugees in the Near East）
IOM：国際移住機関
（International Organization for Migration）
WFP：国連世界食糧計画
（World Food Program）
UNU：国連大学
（United Nations University）
UN Women：ジェンダー平等とエンパワーメントのための国連機関
（United Nations Entity for Gende Equality & Empowerment of Women）
UNSSC：国連システム・スタッフ・カレッジ
（United Nations System Staff College）

・他の国際機関と合同で設立された機関

UNAIDS：国連エイズ合同計画
（Joint United Nations Program on HIV/AIDS）
ITC：国際貿易センター
（International Trade Center）
UNFCC：気候変動に関する国際連合枠組条約事務局
（United Nations Framework Convention on Climate Change）
UNICC：国際計数センター
（United Nations International Computing Centre）

2 専門機関

FAO：国連食糧農業機関
（Food and Agriculture Organization of the United Nations）
ICAO：国連民間航空機関
（International Civil Aviation Organization）
IFAD：国連農業開発基金
（International Fund for Agricultural Development）
ILO：国際労働機関
（International Labour Organization）
IMO：国際海事機関
（International Maritime Organization）
ITU：国際電気通信連合
（International Telecommunication Union）
UNESCO：国連教育科学文化機関
（United Nations Educational, Scientific and Cultural Organization）
UNIDO：国連工業開発機関
（United Nations Industrial Development Organization）
UPU：万国郵便連合
（Universal Postal Union）
WHO：世界保健機関
（World Health Organization）
WIPO：世界知的所有権機関
（World Intellectual Property Organization）
WMO：世界気象機関
（World Meteorological Organization）
UNWTO：世界観光機関
（World Tourism Organization）

3 その他の機関

IAEA：国際原子力機関
（International Atomic Energy Agency）
ICATILO：ILO国際訓練センター
（International Training Center of the ILO）
PAHO：汎アメリカ保健機関
（Pan American Health Organization）
UNITAR：国連訓練調査研究所
（United Nations Institute for Training and Research）
CTBTO：包括的核実験禁止条約機関準備委員会
（Comprehensive Nuclear-Test-Ban Treaty Organizations）
ISA：国際海底機構
（International Seabed Authority）
ITLOS：国際海洋法裁判所
（International Tribunal for the Law of the Sea）

国際連合内の主要機関、地域委員会、その他の委員会を含む
PERSONNEL STATISTICS（2018年12月31日）から作成。
（CEB/2019/HLCM/HR/17）United Nations system Chief Executives Board for Coordination.

図表4 国連システムで働く職員数

機関名	専門・管理職	NSおよびFS*	一般事務職	合計
UN	11,474	4,958	17,359	33,791
UNDP	2,381	1,411	3,221	7,013
UNICEF	4,230	4,741	5,503	14,474
UNHCR	2,978	903	6,316	10,197
WFP	1,521	1,173	3,986	6,680
FAO	1,604	199	1,305	3,108
WHO	3,139	1,234	3,780	8,153
UNESCO	1,058	175	973	2,206
ILO	1,224	641	1,306	3,171
その他29機関	9,104	1,889	9,803	20,796
合計	38,713	17,324	53,552	109,589

（2018年12月31日現在）

NSはナショナル・プロフェッショナル・スタッフ、FSはフィールド・カテゴリー・スタッフ。

ち国際《こくさい》復興《ふっこう》開発《かいはつ》銀行《ぎんこう》（IBRD）、国際《こくさい》開発《かいはつ》協会《きょうかい》（第二世界銀行、IDA）、国際《こくさい》金融《きんゆう》公社《こうしゃ》（IFC）、国際《こくさい》通貨《つうか》基金《ききん》（IMF）および世界《せかい》貿易《ぼうえき》機《き》関《かん》（WTO）が図表3に入っていないのは、これらの機関は専門機関ですが、職員の給与《きゅうよ》、勤務条件などが、国連システムに属する機関とは異なる基準を採用しているためです。

国連の予算

　国連の活動を運営するための財源はどのようになっているのでしょうか。国連予算の仕組みを簡単に説明しましょう。

　国連の予算は大きく通常予算と非通常予算（PKO予算＋自発的拠出金《きょしゅつきん》）に分けられます。通常予算は国連が行う開発協力、人権・人道援助《えんじょ》、職員給与《きゅうよ》、会議・通訳費用などをまかなうためのもので、2年ごとに編成されています。その財源は加盟国からの分担金で、各国の分担金はそれぞれの国民所得、人口、財政事情などを考慮《こうりょ》して決定されます。2020年の国連通常予算は約28億6600万8000ドル（約3096億円、1ドル当たり108円換算《かんさん》）でした。アメリカ合衆国は国連創設以来、通常予算の25％を負担していましたが、2001年から22％を負担しています。日本の分担金割合は2016年から2018年まで9・68％を支払《しはら》っていましたが、2020年は8・564％に減りました。なお、日本は2018年度まで分担金の支払《しはら》い額はアメリカ合衆国に次いで第2位でしたが、2019年度からは中国が第2位となり、日本は第3位になりました。

非通常予算は、PKO（平和維持《いじ》活動）や、UNDPなど自発的拠出金《きょしゅつきん》によって行われる活動にかかわる予算です。PKO予算額は分担金割合に応じて加盟国に割り当てられています。2019年のPKO予算総額は約65億1800万ドルでした。アメリカ合衆国は2019年に分担金率で27・8912％を、第2位の中国が15・2197％を、第3位の日本が8・564％の約5億5800万ドルを支払《しはら》っています。

PKO活動はそれぞれの活動ごとに編成されており、現在、アフリカではスーダン、リベリア、コンゴ民主共和国、中央アフリカ共和国など、アジアではインド／パキスタンで、中東ではレバノン、ゴラン高原などで展開されています。PKO活動のための総予算は国連の通常予算の2倍以上の金額となっています。なお、国連の通常予算は神奈川県横浜市《かながわけんよこはまし》の一般《いっぱん》予算のわずか17％に過ぎません。ですから、国連機関は財政的にみるとそれほど大きな組織ではないことがわかります。

国際公務員の採用方針

あとでくわしく述べますが、国際公務員、特に専門職職員と管理職職員の採用にさいしてはつぎの二つの方針があります。

⑴世界中から広く公平な立場で、優秀《ゆうしゅう》で最高水準の人材を採用すること。
⑵加盟国からの分担金と職員数のあいだに関連性をもたせること。

上記の方針は国連憲章101条にある、優秀《ゆうしゅう》な専門職職員をできるだけ地域に偏《かたよ》ることなく採用し、原則として分担金に応じた割合で職員を採用するという理念を反映させたものです。この方針は一般《いっぱん》に地理的配分（Geographic Distribution）と呼ばれています。国連の場合、地理的配分の対象となるポストを一定数定め、それらを人口、加盟国のメンバーシップ、分担金の三つの要素で配分し、各加盟国の適正職員数を決めます。専門機関の場合も同種の配分方法を用いて各加盟国における望ましい職員数を決定しています。

採用にさいしてはあとでくわしく紹介《しょうかい》しますが、できるだけ優秀《ゆうしゅう》な人材を世界中から求めるために、空席公告（Vacancy Announcement）を国連機関のホームページ、各加盟国政府、著名大学、研究所、図書館などに配付し、公募《こうぼ》しています。ポストによっては、『インターナショナル・ヘラルド・トリビューン』紙（*The International Herald Tribune*）のような主要新聞、専門誌などに空席公告を掲載《けいさい》することもあります。なお、外務省国際機関人事センター*が国際機関一覧と日本語の参考ページ・空席情報を取りまとめて掲載《けいさい》しているので参考にしてください。

主要機関の活動内容

つぎに図表2に記してある主要機関の活動内容を要約して紹介《しょうかい》しましょう。

・国際連合（国連）UN（The United Nations）【本部：ニューヨーク】

国連の主要な目的は国際平和と安全の維持《いじ》、地球上に住むあらゆる国民の友好関係の促進《そくしん》、差別撤廃《てっぱい》による人権と基本的自由を守るための国際協力を促進《そくしん》させることです。主要な活動分野は人権、地球環境《かんきょう》、開発援助《えんじょ》、軍縮、人道援助《えんじょ》、人口問題、貿易、民族紛争《ふんそう》です。事務局の最高責任者は国連事務総長（Secretary General）と呼ばれ、2017年1月1日から第9代の国連事務総長としてポルトガル出身のアントニオ・グテーレス（António Guterres）氏が務めています。

＊外務省国際機関人事センター　https://www.mofa-irc.go.jp/link/link.html

アントニオ・グテーレス国連事務総長　© UN Photo/Eskinder Debebe

・国連開発計画　ＵＮＤＰ（United Nations Development Programme）［本部：ニューヨーク］

開発途上国《とじょうこく》への技術協力を行うことを主目的に設立され、活動の範囲《はんい》は農業、漁業、林業、製造業、電力、運輸、通信、住宅、建設、貿易と観光、保健と環境《かんきょう》衛生、教育と訓練、地域開発、経済計画、行政など、ほとんどすべての経済、社会分野にわたっています。近年、「持続可能な人間開発」を目的として、貧困の解決、雇用《こよう》創出、社会的弱者の救済、公平の確保、環境《かんきょう》問題などにも取り組んでいます。

・国《こく》連《れん》環《かん》境《きょう》計《けい》画《かく》　ＵＮＥＰ（United Nations Environment Programme）［本部：ナイロビ］

１９７２年にストックホルムで開かれた国連人

間環境会議の結果を受けて設立されました。地球温暖化、オゾン層の破壊《はかい》、熱帯雨林の減少、砂漠化《さばくか》、生物種の多様性といった環境問題に取り組んでいます。日本の大阪市と草津市に国際環境技術センターが設置されています。

・国連児童基金 UNICEF（United Nations Children's Fund）［本部：ニューヨーク］

ＵＮＩＣＥＦは当初、第二次世界大戦で犠牲《ぎせい》になった児童の救済を目的として設立されましたが、１９５３年に開発途上国《とじょうこく》の子どもとその家族に対する援助《えんじょ》機関として常設化されました。主に、農村および都市部における母子の保健衛生、栄養の改善、上下水道の設置、学校教育と社会教育、家族計画、そのほか女性や子どもを守るための活動を行っています。地域社会を基礎《きそ》とした低費用のサービスを立案・提供し、拡大させており、全世界の子どもたちの予防接種率を１００％に近づけるための取り組みを行っています。

・国連難民高等弁務官事務所 UNHCR（United Nations High Commissioner for Refugees）［本部：ジュネーブ］

ＵＮＨＣＲは、人道主義の立場から難民の国際的な保護と援助《えんじょ》を任務として１９５１年に設立されました。難民問題の永続的な解決をめざして、本国への自発的帰還《きかん》、避難先《ひなんさき》での生活・定住、第三国への定住を促進《そくしん》すべく法的保護と援助《えんじょ》を行っています。１９９１年から２００１年まで、緒方貞子《おがたさだこ》さんが高等弁務官を務めていました。

・国際原子力機関《こくさいげんしりょくきかん》　IAEA（International Atomic Energy Agency）［本部：ウィーン］

ＩＡＥＡの目的は、原子力の平和利用によって世界の平和・保健・繁栄《はんえい》に役立つこと、特にＩＡＥＡの援助《えんじょ》による原子力利用が軍事目的に利用されないように保障することです。そのために核物質《かくぶっしつ》の国際プール機関の設置、科学的および技術的な情報交換《こうかん》、共同研究、セミナーの開催《かいさい》、専門家の派遣《はけん》や訓練、核物質《かくぶっしつ》の国際査察による保障措置《そち》の実施《じっし》などの活動を行っています。

・国際労働機関《こくさいろうどうきかん》　ILO（International Labour Organization）［本部：ジュネーブ］

ＩＬＯの目的は、世界の労働者のための社会正義を推進することです。主要活動は、労働条件や生活水準の改善を進めるための国際的政策の立案、各国政府の政策実施《じっし》の指針としての国際労働基準作成、関連分野での開発援助《えんじょ》、各種訓練、教育、調査などの実施《じっし》です。なお、ＩＬＯはディーセント・ワーク（Decent Work）と呼ぶ、人間らしい生活を継続《けいぞく》的《てき》に営むことができる世界の実現づくりの実現をめざしています。組織構成面では、総会と理事会において、加盟国のうち政府代表が２名、労使双方の代表１名ずつからなる「三者構成」をとっています。

・国連食糧農業機関　ＦＡＯ（Food Agriculture Organization of the United Nations）［本部：ローマ］

ＦＡＯの目的は、栄養水準や生活水準を向上させ、農地、森林、漁場から得られるすべての食糧《しょくりょう》や農水産物の生産、加工、販売《はんばい》、流通を改善することです。さらに、農村開発を促進《そくしん》することにより農村の生活環境《かんきょう》を向上し、これによって世界中から飢餓《きが》をなくすことです。そのために、農業、農地、水産資源、農産物や畜産物《ちくさんぶつ》の改良への投資を促進《そくしん》することに加え、開発途上国《とじょうこく》への技術移転、農業関係の調査研究などを行っています。

・国連教育科学文化機関《こくれんきょういくかがくぶんかきかん》　ＵＮＥＳＣＯ（United Nations Educational, Scientific and Cultural Organization）［本部：パリ］

ＵＮＥＳＣＯの主要目的は、教育、科学、文化、

国連総会会議場。話し合われる問題は地球規模　Ⓒ Photo/Eskinder Debebe

通信を通じて国家間の協力を促進《そくしん》し、世界の平和と安全に寄与《きよ》することです。これらの目的を達成するために、識字教育、文化財保護、生物圏《せいぶつけん》保護、平和教育など数多くの活動を実施《じっし》しています。特に、文化活動面では芸術的創造性の振興《しんこう》、文化の研究と育成、書籍《しょせき》、芸術作品、記念物などの世界的遺産の保存、文化的独自性と伝承的口承文化の保護などを行っています。

・世界保健機関 ＷＨＯ（World Health Organization）［本部：ジュネーブ］

ＷＨＯの目的は、世界のすべての人びとに可能な限り高い水準の健康をもたらすようにすることです。そのために、国際保健事業の調整、保健事業援助《えんじょ》、伝染病・風土病撲滅《ぼくめつ》、衛生状態改善、保健関連条約の提案・勧告、医療《いりょう》・衛生などの国際基準策定といった幅広《はばひろ》い任務を遂行《すいこう》しています。主要な活動は、保健教育、適正な食糧《しょくりょう》供給と栄養、安全な水と下水設備、家族計画を含《ふく》む母子保健、主要な伝染病に対する免疫《めんえき》対策、風土病の防疫《ぼうえき》と管理、一般的《いっぱんてき》傷病の適切な処置、基礎的《きそてき》医薬品の常備などです。最近は、新型コロナウイルスへの対応でＷＨＯという名称をよく耳にしていると思います。

職場と仕事

勤務地や使う言語、仕事の進め方について

さまざまな国の人がいっしょに働いている

国際機関では、これから紹介《しょうかい》するようにさまざまな国籍《こくせき》の職員がいっしょに働いており、仕事で使う言語も英語だけでなく、しばしばほかの言語が同時に使われています。

通常、職員には個室が与《あた》えられ、仕事は個人ベースで行われています。また、専門職および管理職職員には秘書がつき、仕事を進めるために補佐《ほさ》してくれます。日本の職場での仕事の進め方、雰囲気《ふんいき》と比べるとかなり違《ちが》います。

国際機関ならではの職場の特色を紹介《しょうかい》しましょう。

職員の国籍《こくせき》

「国際公務員が働く国際機関」（52ページ）で説明したように、国連システムには38の国際機関があり、これらの機関に勤務するインターナショナル・スタッフと呼ばれる専門職および管理職の職員は世界中で約3万9000人います。これらの職員の国籍《こくせき》は188カ国であることを考えると、機関により加盟国のばらつきはありますが、世界の独立国のほとんどから職員を得ていることになります。

図表5にあるように、職員の出身の188カ国を調べると、アメリカが専門職・管理職職員の9％を占《し》め断然高い比率を示しています。第2位はフランス（6％）、第3位はイギリス（5％）です。この上位3カ国の出身者が全職員の約25％を占《し》めています。言い換《か》えれば、国連システムに働く専門職と管理職にある職員の約4人に1人がアメリカ人、フランス人、あるいはイギリス人ということになります。なぜ、これらの3カ国の出身者が多いのかと疑問をもたれる人もいると思います。これは、職場で使われる言語が主に英語とフランス語であること、さらに、国連がもともと第二次世界大戦の戦勝国である連合国が中心となって設立され、主要なポストは伝統的に連合国出身者から選出されてきたという歴史と密接に関連しています。

一方、日本人職員の割合は約3％です。日本国内で国際貢献《こうけん》の重要性が叫《さけ》ばれ、財政面ではアメリカ、中国に次ぎ3番目の貢献《こうけん》をしていますが、国際機関に働く日本人の職員数は、序列で9番目であり、他の主要国と比較《ひかく》すると職員数が少ないことに気付かれるでしょう。また、上位25カ国の出身者のうち、新興途上国《とじょうこく》はインド、ケニア、中国、ロシア、ウガンダ、パキスタン、フィリピン、ブラジル、エチオピア、カメルーン、エジプトと、

図表5 国連システムに働く専門・管理職職員の上位出身国名

順位	国名	人数	割合
1位	アメリカ	3,349	9％
2位	フランス	2,287	6％
3位	イギリス	1,775	5％
4位	イタリア	1,745	5％
5位	カナダ	1,465	4％
6位	ドイツ	1,414	4％
7位	スペイン	1,098	3％
8位	インド	1,054	3％
9位	日本	989	3％
10位	ケニア	860	2％
11位	中国	754	2％
12位	オーストラリア	707	2％
13位	ロシア	602	2％
14位	ベルギー	579	1％
15位	オランダ	578	1％
16位	ウガンダ	466	1％
17位	パキスタン	451	1％
18位	フィリピン	449	1％
19位	ブラジル	445	1％
20位	スェーデン	438	1％
21位	スイス	432	1％
22位	エチオピア	416	1％
23位	カメルーン	393	1％
24位	デンマーク	363	1％
25位	エジプト	361	1％
	上位25カ国	23,470	61％
	全専門・管理職職員	38,713	100％

CEB/2019/HLCM/HR/17より作成。　（2018年12月31日現在）
小数点以下調整。

11カ国に上ります。国際機関では先進国出身の職員と新興途上国《とじょうこく》出身の職員が開発途上国《とじょうこく》の社会的・経済的向上のための問題解決に向けてたずさわっていることがわかります。

国際機関ではたくさんの国籍《こくせき》の人びとといっしょに仕事をすることになります。職員は、会話で微妙《びみょう》なニュアンスが伝わらずコミュニケーションで苦労することもありますが、価値観の違《ちが》う人びとといっしょに仕事をすることでおたがいの違《ちが》いを尊重しながら、上手《じょうず》につきあっていく方法を身につけることができるといえます。

勤務地

国際公務員はジュネーブやニューヨークなど先進国の大都市で働くものと思い込んでいる人がいます。実際にはこれらの都市で働く国際公務員はそれほど多くなく、職員の大部分は開発途上国《とじょうこく》で働いています。国際機関の大きな役割のひとつは開発途上国《とじょうこく》への援助《えんじょ》ですから、これは当然といえるでしょう。現在、国連システムで働く職員の勤務地は190カ国、955の市町村にまたがっています。その多くは開発途上国《とじょうこく》です。他国の人びとを理解することを目的として専門職・管理職の職員に関しては自国外の勤務が原則となっています。仕事の特殊性《とくしゅせい》により職員が母国で勤務することもありますが、それは例外的な場合です。国際公務員として働く限り、母国以外の国々で働き続けるということを覚悟《かくご》しておいてください。

職場で使う言語

世界中で使用されている言語は３０００を超《こ》えるといわれています。国連システム内では、言語による混乱を防ぐために公用語（Official Language）と常用語（Working Language）を指定しています。公用語は国連総会あるいは理事会などの国際会議で使用が認められている言語です。国連ではアラビア語、中国語、英語、フランス語、ロシア語、スペイン語の６カ国語が公用語として定められています。

一方、常用語は国際機関の事務局（Secretariat）において、実際に職員が日常業務を行うさいに使用する言語です。多くの機関では英語とフランス語が常用語に指定されています。しかしながら、

ミャンマーで、ロヒンギャ族の国内避難民のキャンプを訪れる　小野京子さん提供

この二つの言語のあいだでは英語の使用比率が高くなる傾向《けいこう》にあります。国際公務員は少なくともひとつの常用語（一般《いっぱん》には英語かフランス語）に堪能《たんのう》でなければなりませんが、実際には二つ以上の常用語を使って仕事をするように要求されることが多くなっています。

筆者がはじめて国際公務員としてＩＬＯのジュネーブ本部に赴任《ふにん》し、職場のミーティングに出席した時、会議は英語で始まりました。そのうちに英語とフランス語が交錯《こうさく》しはじめ、会議の後半には同僚《どうりょう》たちはフランス語だけで議論していました。途中から会議で何が話されているかまったくついていけず、一人つらい思いをしたことを覚えています。

一般《いっぱん》に、国際公務員は職域を広げるため、ほかの言語を習得することに熱心です。そのために、昼食時間に職場内で行われる語学コースに出席したり、仕事のあとに語学のレッスンを受けたりしています。

職員の分類

職員はインターナショナル・スタッフと呼ばれる専門職および管理職のグループと一般《いっぱん》事務職のグループの二つに大きく分類されます。最初のグループのうち専門職は等級がＰ－１からＰ－５までありますが、一般《いっぱん》に専門知識や経験があり、自分の判断で仕事をすることを求められている職員です。なお、ＷＨＯに限り、Ｐ－６、Ｐ－７の職位が存在します。

また、管理職職員は全体的な管理、監督《かんとく》の仕事を任されており、D－1（部次長）、D－2（部長）、ASG（事務次長補）、USG（事務次長）、SG（事務総長）に分けられます。専門職と管理職にある職員の等級分布を図表6に示します。もうひとつのグループの一般《いっぱん》事務職職員は、専門職・管理職職員の仕事を補佐《ほさ》します。たとえば、秘書、庶務《しょむ》

図表6　国連システムに働く専門・管理職職員の等級分布

等級	人数	割合
UG（局長以上）	303	1％
D－2（部長）	635	2％
D－1（部次長）	2,002	5％
P－7	2	0％
P－6	48	0％
P－5（課長）	6,813	18％
P－4（係長）	12,596	33％
P－3	11,658	30％
P－2	4,338	11％
P－1	277	1％
P－0*	41	0％
合計	38,713	100％

CEB/2019/HLCM/HR/17より作成（フィールド含む全世界）。
（2018年12月31日現在）

係《かかり》などです。国連システムで働いている一般《いっぱん》事務職職員の数は全体の約50％を占《し》めています。本書で対象としているのは専門職職員と管理職職員です。

なお、開発途上国《とじょうこく》への技術援助《えんじょ》の専門家として、プロジェクト単位で採用されている技術協力専門家と呼ばれる職員がいます。加えて、現地で採用され、専門職レベルの仕事を行う職員でＮＳ（ナショナル・スタッフ）、あるいはナショナル・プロフェッショナル・スタッフと呼ばれる職員がおり、全体の16％を占《し》めています。また、ＦＳ（フィールド・スタッフ）あるいはＦＳカテゴリーと呼ばれる職員は、一般《いっぱん》事務職職員が一定期間勤務地以外の場所で働く職員を意味します。ＮＳ、ＳＦの雇用条件は専門職、管理職職員と同等に近い扱《あつか》いを受けています。

オフィスではさまざまな職員が働く　　岸上明子さん提供

職員のタイプ

インターナショナル・スタッフと呼ばれる専門職・管理職職員の国際公務員になるための動機や採用の背景はさまざまです。職員にはおおむね、キャリア組、政府出向組、政治的任命組の三つのタイプがあります。

①キャリア組

このグループは試験や空席に応募《おうぼ》し国際機関に採用されたあと、長期にわたり、多くの場合に定年退職時まで勤務し、国連システム内でキャリアを形成することをめざすグループです。一般《いっぱん》に国際公務員と呼ばれる人びとは、このグループに属します。なお、第二次世界大戦後に国際公務員として国連に採用された日本人キャリア組第1号は明石康《あかしやすし》氏です。明石氏は国連事務次長やUNTAC（国連カンボジア暫定《ざんてい》統治機構）特別代表としてカンボジアの和平に貢献《こうけん》しました。

②政府出向組

国際機関の業務・活動は加盟国からの要請《ようせい》があってはじめて実施《じっし》されるという性質上、加盟国政府からの人材派遣《はけん》が頻繁《ひんぱん》に行われています。加盟国政府の関係省庁（日本の場合、FAOについては農林水産省、ILOについては厚生労働省）などから期間を区切って派《は》遣《けん》される職員は一般《いっぱん》に政府出向組と呼ばれています。国際機関に派遣《はけん》される期間は通常2年から5年です。政府からの出向者数は、特に専門機関の場合に多くなっています。これは専門機関の主要担当分野が高度に専門化され、要求される技能を備えた人材を一般《いっぱん》から見つけることが難しいことと関係があります。たとえば、WIPO（世界知的所有権機《せかいちてきしょゆうけんき》関《かん》）やFAO、WHOなどでは、政府の出向者の割合が他の機関に比べて高い傾向《けいこう》にあります。

③政治的任命組

このグループは、国際機関が加盟国との政治的関係に配慮《はいりょ》した結果、ふつうの選考手続きを経ないで任命されます。この形式で採用されるのは高いレベルの管理職ポストの職員である場合が多いようです。政治的に任命される場合でも、選ばれる職員はキャリア組の職員と同程度か、それ以上の学歴や経験が要求されます。

仕事の進め方

国際機関内での仕事の進め方は、ふつうの日本の企業《きぎょう》や役所での仕事の進め方とかなり違《ちが》います。特に違《ちが》うと思われるのはつぎのような点です。

①個室と秘書

専門職と管理職にある職員は任務を遂行《すいこう》するにあたり、ふつう個室と秘書が与《あた》えられます。職位の低い職員の場合、同僚《どうりょう》とオフィスや秘書を共有したりします。職種や機関にもよりますが、一般《いっぱん》に、職位がＰ－４以上の場合、職員は専任の秘書をもち業務を行うことが多いようです。

上司からいつまでにこういう問題について報告書（レポート）を作成しなさいという要請があった場合、専門職職員は期日までにその仕事を終了《しゅうりょう》できるように計画を立てます。専門職必要があれば事前調査、データ作成などの業務を部下の職員や秘書に指示します。専門職職員はこれら職員の助けを得てレポートを完成させ、これを本人の責任の下に上司に期日以内に提出します。

秘書を上手《じょうず》に使いこなすことができるか、あるいは優秀《ゆうしゅう》な秘書をもつことができるかどうかは、専門職職員の仕事の成否を握《にぎ》るカギになります。どんなに若くても専門職職員である限り、秘書を使いこなすことができなければ職務を遂行《すいこう》することができま

個室のようす　岸上明子さん提供

せん。時には、自分より10歳《さい》、20歳《さい》年上の女性あるいは男性を秘書または部下としてもつこともあります。また、期日までにこちらの要求に見合う仕事をしてもらうためには、職場のなかで日頃《ひごろ》よい人間関係をつくっておく必要があります。尊敬され、一目置かれている必要もあります。筆者の場合も9年間の勤務を通じ、アルゼンチン人、イギリス人、アメリカ人、イタリア人、タンザニア人、カメルーン人の秘書をもちました。東洋人は特に若く見られることもあり、20歳代半《さいだい》ばでＩＬＯに赴任《ふにん》した時や、ＦＡＯで繁雑《はんざつ》で多量の仕事を秘書を使って処理しなければならなかった時には苦労しました。

②文書化

国際機関には188の国籍《こくせき》の職員が働いています。それゆえ、同僚《どうりょう》も上司も文化的背景が異なっていたりします。人間ですから、そのなかには野心家もいれば、いいかげんと思われる人もいます。そのような人びとといっしょに仕事をしていくなかで、自分の仕事、自分の立場を守る手段として、ほとんどすべてのことを文書に記録しておくことが重要になります。決定した事柄《ことがら》、合意に達しなかった事柄《ことがら》、そして決定に至ったプロセスは文書にし、責任の範囲《はんい》を明確にしておきます。むだなことをしているように感じられることもありますが、私の経験からしても文書化は国際機関で生き残るためのひとつの大切な知恵《ちえ》であると思います。

③仕事の調整

上司から仕事を任されるということは、上司と一種の契約《けいやく》を結ぶことを意味します。それゆえ、与《あた》えられた仕事を締《し》め切《き》りに間に合うように段取りし、状況《じょうきょう》に応じて適宜《てきぎ》時間配分の調整をすることは専門職職員の重要な職務のひとつです。日本ではふつう大部屋《おおべや》で仕事を行うので、誰《だれ》がどれだけ忙《いそが》しいのかということがわかります。けれども、国際機関では個室で仕事が行われるので、各職員がどれだけ仕事をかかえているのかを外部から判断するのは難しいという問題があります。このような状況《じょうきょう》のなかで仕事をうまく進めるためには、適宜《てきぎ》、上司に仕事の進行状況《じょうきょう》を報告し、仕事の優先順位を決定してもらったり、仕事の一部をほかの職員に交代してもらうなどの調整を自分の側から積極的に働きかけることが必要になります。

雇用形態《こようけいたい》

国際機関での雇用《こよう》はすべて契約《けいやく》に基づいています。職員は職務記述書（Job Description）と呼ばれる仕事の内容を要約した文書に記載《きさい》されている任務を遂行《すいこう》するように求められます。職務記述書に述べられた事柄《ことがら》を適切に遂行《すいこう》した場合に契約《けいやく》は更新《こうしん》されます。この期限つき契約《けいやく》を数度更新《こうしん》して、はじめて定年までの勤務を保証する長期雇用契《こようけい》約《やく》に切《き》り替《か》わります。職員の仕事を遂行《すいこう》する能力が不十分と認められる場合には、契約《けいやく》が更新《こうしん》されません。

昇進《しょうしん》については、日本のような年功序列ではありません。自分の職務で実績を上げ、自分の能力をまわりの人びとに認めてもらい、かつポストを探し、みずから働きかけなければ昇進《しょうしん》は難しくなっています。

学歴社会

国際公務員になるためには一定程度の学歴が必要であると聞いたことがあるかもしれません。実際、国際公務員の世界は高学歴社会です。専門職あるいは管理職職員になるためには、少なくとも大学卒業の資格が必要であり、実際には、多くの職員が修士号、博士号《はくしごう》をもっています。国際機関が高学歴社会である理由として、つぎの三つが考えられます。

第一に、国際機関で任務を遂行《すいこう》するためには高度の専門性が要求されるからです。たとえば、開発途上国《とじょうこく》に社会保障制度を導入するための援助《えんじょ》プログラムを作成するには、社会保障に関して高度の知識をもった人材が必要になります。

第二に、国際機関の担当する職務分野が開発援助《えんじょ》、環境《かんきょう》問題、人権などグローバルなものであることから、このような学際的な分野に興味をもつ高学歴の人びとにとって、国際機関での仕事はやりがいのあるものとなります。国際機関のポストは、先進国の人びとにとっては金銭的には魅力《みりょく》に乏しいものかもしれませんが、開発途上国《とじょうこく》で高度の教育を受けた者には非常に魅力的《みりょくてき》なものです。

第三に、公平性を保つという面から国際公務員が高学歴になっていると思われます。国際機関で専門職・管理職のポストに空席が生じた場合、国連憲章に謳《うた》われている公平性の原則から空席公告が加盟国すべてに知らされ、各国の応募者《おうぼしゃ》のなかからもっとも優秀《ゆうしゅう》な候補者を採用するプロセスがとられます。そのさい、応募者《おうぼしゃ》の国籍《こくせき》、経歴、職歴もさまざまであるなかで、公平性を保ちつつ優秀《ゆうしゅう》さの順位をつけることは難しい作業です。けれども、学歴から順序づけすることは比較的《ひかくてき》容易です。それゆえ、採用にさいし応募者《おうぼしゃ》の学歴が尊重され、結果的に国際機関が高学歴社会になっているといえます。

女性職員

図表7に見られるように、国連システム内で働く専門職と管理職の女性職員は2018年末現在で1万7337人おり、全体の約45%を占《し》めています。その割合を機関別で見ると、国連では43%、UNICEFでは50%、UNHCRでは46%、UNESCOでは52%

図表7 国連システムで働く専門・管理職ポストの女性職員数と女性比率

機関名	女性職員数（専門・管理職）	男女職員数（専門・管理職）	割合
UN	4,937	11,474	43%
UNDP	1097	2,381	46%
UNICEF	2125	4,230	50%
UNHCR	1356	2,978	46%
WFP	662	1,521	44%
FAO	667	1,604	42%
WHO	1463	3,139	47%
UNESCO	546	1,058	52%
ILO	576	1,224	47%
その他29機関	3908	9,104	43%
合計	17,337	38,713	45%

CEB/2019/HLCM/HR/17より作成（フィールド含む全世界）。　（2018年12月31日現在）

と、かなりの数の女性が組織の柱となって働いていることがわかります。FAOの42%、WHOの47%など、担当分野の性質により女性の進出が比《ひ》較《かく》的《てき》難しい機関もありますが、これらの機関も女性職員の採用・昇進《しょうしん》に努力してきたことがわかります。

日本で総合職についている女性の割合と比較《ひかく》すると、はるかに高い比率で女性が国際機関で働いていることがわかります。10人の職員が集まって打ち合わせをすると、そのうち女性が約半数いるということは、働く女性にとっては心強い限りです。また上級管理職（Dレベル以上）のうち女性の比率は約37%であり、係長以上の管理職に占《し》める女性比率は約41%です。

このように女性が職場に進出している背景を調べると、「女性の地位向上」の動きを背景に国際機関が女性の雇用《こよう》を高めるために努力目標を立て、同じ条件であれば女性を優先的に採用、昇進《しょうしん》させている政策の成果であることがわかります。

たとえば、国連事務局の場合、専門職のポストに就く女性の職員比率を50%にする目標を立てています。2008年には藩基文《パンギムン》前事務総長が事務局職員の男女比を1対1にすべく努力するよう全部局に呼びかけました。1994年には30%だった女性の比率が24年後の2018年には43%に上昇《じょうしょう》しています。UNICEFの場合にも、専門職および管理職ポストに就く女性の比率を50%に高める目標を立て、その目標を実現させています。

女性職員を増やすための施策《しさく》のひとつとして、ほとんどの国際機関は空席公告に女性の応募《おうぼ》を歓迎《かんげい》する旨《むね》を明記しています。「出産休暇《きゅうか》」（109ページ）で述べますが、国際機関では女性が出産後も働き続けるための制度が整備されています。このような制度が、国際機関を女性にとって魅力《みりょく》のある職場にさせ、結果的に女性の長期雇用《こよう》を助けています。

ミニドキュメント 1 世界銀行で社会インフラ構築に取り組む

途上国における都市部の移動手段の向上に向けて

執筆者提供（以下同）

世《せ》界《かい》銀《ぎん》行《こう》東《とう》部《ぶ》・南《なん》部《ぶ》アフリカ地《ち》域《いき》総《そう》局《きょく》東《ひがし》アフリカ交《こう》通《つう》局《きょく》
岸《きし》上《うえ》明《あき》子《こ》さん

世界銀行とは

世界銀行は国連の専門機関の一つだ。世界銀行はふつうの銀行とは異なり、貧困削減《さくげん》や開発支援《しえん》を目的とし、世界中の途上国《とじょうこく》に資金並《なら》びに技術援助《えんじょ》を提供する機関である。本部は、アメリカ合衆国の首都ワシントンＤＣにあり、ワシントンと全世界に１４０以上ある現地事務所で１万人以上の職員が働いている。

世界銀行は、①２０３０年までに極度の貧困をなくし、②各国の下位40％の人びとの所得を引き上げて繁栄《はんえい》の共有を促進《そくしん》するという二つの目標を掲《かか》げている。この目標のもと、他の関係国・機関とともに国際社会の共通目標である、「持続可能な開発目標（ＳＤＧｓ）」の達成のために各分野で取り組んでいる。運輸交通部門においては「Sustainable Mobility for All（すべての人に移動の自由を）」を実現するため、途上国《とじょうこく》における公共交通機関の整備を通して、すべての人が自由に目的地（仕事、学校、病院など）に行けるだけではなく、渋滞緩和《じゅうたいかんわ》や温室効果ガス（ＧＨＧ）削減《さくげん》による経済活動の促進《そくしん》と環境《かんきょう》保護をめざしている。

ケニアの首都ナイロビの交通事情

現在、私は世界銀行東部・南部アフリカ地域総局東アフリカ交通局に所属し、都市交通専門官としてケニアの交通プロジェクトを担当している。公共交通機関の整備、政策策定への提言、交通担当機関（中央省庁や地方自治体）の能力向上にかかわる仕事を主として取り組んでいる。

たとえば、ケニアの首都ナイロビにおいては約４４０万人の人口のうち、およそ４割が徒歩だけで学校や仕事に通っている。歩道はちゃんと整備されているわけではない。極端《きょくたん》に道が細かったり、急になくなったり、凸凹《でこぼこ》だったり、歩道がまったく存在しない道路もそこらじゅうにある。歩行者は危険ながらも車道を歩くことを余儀《よぎ》なくされる。ケニアで交通事故による死亡者の数は（人口10万人当たり）27・8人と日本の6倍以上で、犠牲者《ぎせいしゃ》のほとんどが歩行者と言われている。また、自家用車の保有率は低く、住民の多くが徒歩以外ではマタトゥと呼ばれるミニバンを主な公共交通機関として利用している。これらはバス会社によって運行されているわけでなく、個人所有・運営によるところが大きく、政府による規制はほぼない状態だ。時刻表はもちろんなく、運賃の規制もないので、いつ来るかわからないし、渋滞時《じゅうたいじ》や悪天候時には運賃が跳《は》ね上《あ》がる。公共交通機関を利用するさいの治安面での心配も尽《つ》きない。ナイロビには鉄道もあるのだが、長いあいだ、線路の整備点検がされておらず、車両の老朽化《ろうきゅうか》が進んでおり、現在の運行は一日朝夕2回にとどまっている。

低所得者にとっては高い交通費は負担が大きく、公共交通機関を満足に利用することができない。そのため、仕事の選択肢《せんたくし》が限られてしまい、なかなか貧困から抜《ぬ》け出《だ》せない状《じょう》況《きょう》が続いている。実際に、ナイロビで自家用車を保有する富裕層《ふゆうそう》は、1時間あればナイロビ市内に存在する約9割の仕事（職場）にたどり着けるが、車を所有しない低・中所得者の多くは公共交通、徒歩のみなどの移動手段に限られる。雇用機会は、マタトゥでの移動の場合は約2割、徒歩のみだと1割以下に減少してしまうのだ。そこで、現在私たちはケニア政府とともに都市鉄道の整備、歩行者空間の整備、公共交通機関の整備をめざしたプ

多くの住民に利用されているマタトゥ

ケニアの都市モンバサでの地方政府との協議。中央にいるのは交通大臣、左手前が岸上さん

ロジェクトを立ち上げるべく、準備をしている。

高い専門性をもつ同僚《どうりょう》に囲まれて

私が所属する部署では交通（関連分野も含《ふく》む）の専門官として約350人の職員がいるが、日本人は私を含《ふく》めて9人と少数だ。交通の専門官としては主にエコノミスト、エンジニア、プランナーがいるが、なかでもいちばん多いのは土木工学の出身者だろう。非常に高い専門性をもちながらも日々新しい知識・技術を身につけようと努力されている人が多く、また、仕事上ではセミナーやワークショップを通じて世界の第一線で活躍《かつやく》されている研究者、実務家の人たちから学ぶ機会にも恵《めぐ》まれている。壁《かべ》にぶつかることもたくさんあるが、世界銀行での毎日はとても充実《じゅうじつ》したものになっている。

　私はフィリピン国立大学大学院で都市計画を専攻《せんこう》し、博士《はくし》課程修了《しゅうりょう》後、２００３年にいったん日本に戻《もど》った。日本大学の社会交通工学科（現在の交通システム工学科）に４年間勤務し、その後、UN-Habitat（国際連合人《こくさいれんごうにん》間居住計画《げんきょじゅうけいかく》）に勤務する。約６年間、リビアとソマリアの都市開発業務に従事し、ＪＩＣＡ（国際協力機構）のラオス事務所で都市インフラを担当した後、２０１５年に世界銀行に入行した。

　現在の仕事では各国の大学とパートナーシップを組むこともあるため、大学という高等教育機関での勤務経験はとても助けになっている。また、日本の援助《えんじょ》機関の支援《しえん》方針への理解、国際機関での地方自治体や草の根レベルでの活動経験も現在の仕事に大きく役立っている。都市計画を専攻《せんこう》した後、大学での研究職を経て途上国《とじょうこく》の現場で都市インフラの業務に従事し、さまざまな組織に勤務しつつ、一貫《いっかん》して自分の専門分野にかかわってこれたことは私の強みになっている。

途上国《とじょうこく》開発に興味をもったきっかけ

　香川《かがわ》県観音寺《かんおんじ》市《し》という人口４万人ほどの町でのんびり育った私が、途上国《とじょうこく》開発にかかわることになるきっかけはなんだったろう。ふり返ってみると、おそらく中学生まで遡《さかのぼ》ることになる。

　中学生の時にごみ問題に興味をもったことで、将来は環境《かんきょう》の勉強がしたいと思うようになった。大学は外国語学部に進学し、環境《かんきょう》とは一見かかわりのない分野ではあったが、フィリピン語を専攻《せんこう》したことで途上国《とじょうこく》とのかか

公共交通機関の組織づくりについてパネリストとして参加

わりが始まった。衝撃的《しょうげきてき》だったのは、大学1年の時に訪れたマニラのスモーキーマウンテンでの子どもたちとの出会いだ。廃品《はいひん》回収をしながら生活し、貧しいながらも将来への夢《ゆめ》をもちキラキラと目を輝《かがや》かせる子どもたち。この出会いに衝撃《しょうげき》を受け、大学4年での交換留学と大学院での都市計画専攻《せんこう》を経て途上《とじょう》国《こく》開発にかかわっていきたいという思いが固まった。

仕事のしやすい職場環境《かんきょう》

世界銀行での仕事の魅力《みりょく》は、業務内容そのものはもちろんのこと、多《た》国籍《こくせき》からなる職員構成にもある。出身国によって価値観もさまざまであり、信仰する宗教もそれぞれだが、基本的に相手を思いやり、尊重できる人が多い。驚《おどろ》くことはまだまだあるが、多様性や違《ちが》いを楽しみながら仕事をしている。

成果重視のため、締切《しめきり》や提出物の成果には厳しいが、オフィスの雰囲気《ふんいき》は和気あいあいとしており、専門職職員には個室が与えられている。

また、ワークライフバランスの充実《じゅうじつ》は世界銀行が福利厚生のなかでも力を入れている分野である。世界銀行ではアメリカの Alternative Work Schedule（ＡＷＳ）のシステムを本部、各国事務所ともに取り入れており、１日の勤務時間を８時間から９時間に変更《へんこう》し、その代わりに金曜日が隔週《かくしゅう》で休みになるという制度を採用している。実質、１日の勤務が８時間で終わることはほぼないため、この制度を利用するために勤務時間を長くするといった負担はなく、職場のシステムからこの制度に登録しておけば、隔週《かくしゅう》で金曜日が休みになるといった状況《じょうきょう》だ。打ち合わせがあったり、繁忙《はんぼう》期《き》にはＡＷＳの金曜日も働くが、隔週《かくしゅう》で週休３日になるというスケジュールが組まれてい

マレー市を視察し、住民から意見を聞く

るだけでも、気分的にとても楽になる。私はこのAWSの金曜日を買い出しや育児、家事に利用している。また、上司のなかには、毎週金曜日は子どもの学校への送迎《そうげい》ができるように、AWSではないほうの隔週《かくしゅう》の金曜日を毎回、在宅勤務にするように勧めてくれる人もいる。3カ月ほどの産休から復帰したばかりの時には、金曜日のAWSと在宅勤務に加え、しばらくのあいだ、1~2時間在宅勤務に切《き》り替《か》えて早期帰宅できるように上司がとりはからってくれたため、ありがたかった。

現在、私の長男は9歳《さい》、長女は2歳《さい》とまだまだ子育ての真っ最中だ。子どもの学校行事や病院の診察《しんさつ》などで1、2時間職場を離《はな》れる（2時間までは手続きの必要がない）という場合でも、その前後や週末で時間・仕事内容を調整すれば対応可能であり、1年間に10日間は家族休暇《きゅうか》の取得が可能だ。仕事は忙《いそが》しくても、これらの制度をうまく活用しながら、毎日楽しく子育てと仕事ができている。

出張の頻度《ひんど》や期間はかなり個人差があるが、私の場合は2、3カ月に1度、2~3週間の出張に出ている。出張は現場とふれあう貴重な時間であり大事にしているが、家族と過ごす時間とのバランスを考えて、できるだけ2週間に収まるように調整したり、チームリーダーに交渉《こうしょう》したりしている。

多国籍《たこくせき》からなる組織ゆえかもしれないが、「仕事は大切だが家族はもっと大切」という基本認識が、少なくとも私が所属する部署にはある。そのため家族の事情に対する理解は深く、自分の担当する仕事で十分な成果を出している限り、仕事の仕方・勤務体制について上司から細かく指示を受けることはない。

ケニア西部の現場視察先で、ケニア政府（運輸インフラ省）のプロジェクトコーディネーターと

10代にうちに基礎《きそ》学力を身につける

中学・高校は基礎《きそ》学力を培《つちか》う時期であり、進路に関係なく幅広《はばひろ》くさまざまな教科を勉強しなければならないので大変だと思う。私は高校ではあまり深く考えずに理数科に進学したが、途中《とちゅう》で文系に進みたいと思い始め、数学Ⅲや物理は自分には必要ないと思うようになり、仕方なく勉強していた。しかし、大学院時代や就職してからは、高校時代に得た数学Ⅲや物理の知識に助けられることが多々あり、むだになる勉強はないんだな、もっと勉強しておけばよかったなと思うことが何度もあった。

現在の職場での言語は英語である（世界銀行の場合、部署によっては、フランス語、スペイン語が仕事上の使用言語になることもある)。私は中学生から英語の勉強を始めたが、大学4年まで長期留学などの経験はなかった。ネーティブの人たちと対等に仕事をしていくためにはこれからも英語に関してはまだまだ努力していく必要があるが、英語ができることとコミュニケーション力が高いことは必ずしも同じではないと感じている。先輩方《せんぱいがた》からも専門分野の知識をしっかり身につけ、自分の意見をきちんと述べられることが流暢《りゅうちょう》に英語を話すことよりも重要だというアドバイスをいただく(もちろん両方できるに越《こ》したことはないが)。文化的な違《ちが》いを理解し、相手に合わせて効果的なコミュニケーションを取っていく力が国際社会で働くには不可欠だと思っている。

多くの人たちの生活の質の改善のために

世界銀行内部、そして相手政府との議論からプロジェクトが正式に立ち上げられるには、政策の見直しや技術面からのさまざまな審査《しんさ》があり、数年かかる。世界銀行内でもいろいろな考え方やアプローチがあるし、相手政府との議論も思うようにいかないこともある。大変な時こそ、笑顔《えがお》を忘れず、「やればできる!(I can do it!)」と常にポジティブ思考でいられるように努めている。

交通のプロジェクトは誰《だれ》もが必要とし、日々利用するものであることから、われわれの取り組みが、そして私の小さな努力が、将来、一人でも多くの人の生活の質の改善、貧困からの脱却《だっきゃく》に貢献《こうけん》できるかもしれないと思うと、とてもやりがいのある仕事である。

ミニドキュメント 2

民間から転職し社会開発に取り組む

アフリカの最貧国の人びとのために汗をかく

国連《こくれん》開発《かいはつ》計画《けいかく》（UNDP）マラウイ事務所《じむしょ》
小松原《こまつばら》茂樹《しげき》さん

執筆者提供（以下同）

マラウイを支える国連開発計画

マラウイ共和国（以下、マラウイ）はアフリカ南部のマラウイ湖に寄《よ》り添《そ》うように位置する国だ。人口は約１８００万人（２０１８年マラウイ国勢調査）で、大きさは日本でいえばちょうど瀬戸内海《せとないかい》と中国《ちゅうごく》地方くらいの面積である。「アフリカの暖かい心」というニックネームがあり、その名のように、温厚な人たちが多く、風光明媚《めいび》なことでも知られている。反面、マラウイには目ぼしい天然資源がなく、輸出作物といってもタバコ、紅茶、コーヒー程度で、世界のなかでももっとも貧しい国の一つである。

それだけにマラウイは、人びとの生活を支え、暮《く》らしをよくするためにさまざまな助けを必要としている。国連関係ではUNDPをはじめ11の機関が常駐しており、日本を含《ふく》む先進国やアフリカ諸国が大使館を置いている。

UNDPは国連最大の開発機関で、164カ国に事務所を置き、それぞれの国で開発計画の策定、実施《じっし》、評価、貧困削減、気候変動対策、紛争《ふんそう》予防など、幅広《はばひろ》い分野で政策への助言や技術支援《しえん》を行っている。目標や意見を押《お》しつけるのではなく、それぞれの国とともに考え、目標設定を手伝《てつだ》い、その達成に向けてともに汗《あせ》をかくことが大切、というのがUNDPの基本的な考えである。

また、できるだけ多くの人びとの役に立つこともUNDPの目標だ。マラウイでも、政府、関係省庁や裁判所、警察などの公的な機関に加えて、民間企業《きぎょう》、市民社会、マスコミ、大学、若者など、幅広《はばひろ》く支援《しえん》している。

全員が意見を言える事務所をめざす

UNDPマラウイ事務所には、16カ国から来たインターナショナルスタッフが働いている。16カ国にはそれぞれの歴史や文化があるが、その違《ちが》いを仕事に活かすことが大切だ。

そのため、2019年6月に常駐《じょうちゅう》代表として赴任《ふにん》したさいには、3カ月かけて約130人の職員全員と面談をした。全員と会うと宣言して実行した常駐《じょうちゅう》代表は、50年を超《こ》えるUNDPマラウイ事務所の歴史ではじめてだ、と後でスタッフから教えられた。短時間でも一人ひとりを知る時間を設けた甲斐《かい》はあった。スタッフとの距離が縮まり意見やアイデアがたくさん出てくるようになったのだ。

私の執務室《しつむしつ》は文字通り「オープンドア」で、ドアを開放している。気軽に寄ってくれるスタッフも増えた。その後もグループ面談をしたり、毎週末に職員全員にメールを送ったり、毎月全員参加のタウンホール会合を開催《かいさい》したりと、みんなが意見を出し合える風通しのいい事務所をめざして努力している。

世界中に広がるネットワーク

UNDPが支援《しえん》する国々には、マラウイのような最貧国もあれば、先進国に近い国もあり、それぞれがかかえる課題は千差万別だ。ひと口に貧困撲滅《ぼくめつ》といっても、毎日の糧《かて》を得ることさえ難しい国もあれば、産業や貿易の振興《しんこう》に関心をもつ国もある。このような状況《じょうきょう》で良い解決策を見つけるのに役立つのが、164カ国を結ぶネットワークだ。

UNDPでは、組織の内外のさまざまな専門家が世界中から経験や知識をもちよって意見交換《こうかん》を進めている。経験も考えも異なる人びとの議論をまとめるには時間がかかるが、個人で考えるより確実に良い知恵《ちえ》が生まれる。

2020年に入って急速に拡大した新型コロナウイルスによる危機では、マスクや医療《いりょう》機器が世界的に不足するなか、UNDPマラウイ事務所がマラウイの大学、起業家、政府と技術者の国際ボランティア団体を結びつけ、国内の力だけでコロナ対策に必要な物資を生産できるよう支援《しえん》した。また、コロナ対策で移動や経済活動が制限されると、多くの人たちが生活に困ってしまう。もっとも脆弱《ぜいじゃく》な人びとに確実に助けの手を差《さ》し伸《の》べられるよう、情報技術を活用して政府を支援《しえん》している。

新たな挑戦《ちょうせん》をする若者を支援《しえん》

UNDPマラウイ事務所では、さまざまな

分野で新たな試みに挑戦《ちょうせん》し、その経験を世界中の仲間と共有している。たとえば２０１４年には、中小企業《きぎょう》の新たなビジネスへの挑戦《ちょうせん》や、意欲あるマラウイの若者の起業を支援《しえん》するために、諸外国や国際機関とともに基金を設立した。地元の農家と協力して「飲むヨーグルト」を商品化した人、機能性を重視したオーダーメードの木製家具を売り出した人、ほとんど輸入のみだったきのこの栽培《さいばい》・販売《はんばい》を国内で始めた人など、多くの若者が身近で役立つビジネスを実現している。

　さらに、マラウイ政府はＵＮＤＰの支援《しえん》で、国民の約半数にあたる16歳《さい》以上の約９００万人に身分証明書を交付した（ＵＮＤＰマラウイ事務所調べ）。身分証明書は銀行、電話会社などで不正防止に活用されている。

　これらの経験はＵＮＤＰのネットワークを

中小企業のイノベーション支援プロジェクトの現地訪問。右から２番目が小松原さん

マラウイ政府とのプロジェクトのため裁判所、警察関係者と懇談。前列右から３番目が小松原さん

通じて世界に発信されている。

国連職員の共通点

国連職員・国際公務員というと、さまざまな政策の専門家を想像されるかもしれないが、国際機関には組織運営の専門家も多い。たとえばＵＮＤＰでは、人事、会計、法務、財務、広報、研修など、組織運営に欠かせない専門家がたくさん勤務している。彼らの経歴もさまざまだ。民間企業《きぎょう》で経験を積んだ人、投資銀行で業績を上げた人、公認会計士や弁護士など幅《はば》広い経験の持ち主がいる。

専門は違《ちが》っても、世界の平和と繁栄に貢献《こうけん》するため（ミッション）、それぞれの仕事に熱意（パッション）をもって取り組んでいるのが国連職員・国際公務員である。

国際問題への関心の高まり

日本人の国連職員・国際公務員は海外育ちなどの特別な人たちだろう、と思われがちだが、そんなことはない。たとえば私の場合、大学卒業までに2回海外旅行をしただけで、英語は日本で勉強した。大学を卒業するころは、東欧《とうおう》の共産主義諸国が民主国家に移行したり、アメリカを中心とした国連軍がイラクに占領《せんりょう》されたクウェートを解放した第一次湾《わん》岸《がん》戦争が起こったり、共産圏《きょうさんけん》の中心であったソ連が分裂《ぶんれつ》・崩壊《ほうかい》したりと、世界が大きく変わった時期であった。国際関係を深く勉強したいとの思いが強まり、ロンドン・スクール・オブ・エコノミクス（LSE）の大学院に進んだ。

修士号をめざす40人の仲間たちと刺激《しげき》に満

マラウイのノルウェー大使館で働く友人と

ちた勉強の毎日を過ごしたが、唯一《ゆいいつ》の日本人だった私に日本についての質問が集中した。ところが本から得た一般論《いっぱんろん》では彼らは満足しない。意見を闘《たたか》わせ、考えを深めるには、「一般的《いっぱんてき》な説明」ではなく、私がどう考えるのか、が大事だったのだ。自分の国を自分の言葉で説明することさえできずに、どうやって国際社会に役立てるのだろうか、とたいへん悔《くや》しい思いをした。国際社会に貢献《こうけん》するためにも、まず自分の国を理解したいとの思いが募《つの》り、修士号取得後に日本に戻《もど》った。

日本で身につけた仕事の基本

日本では、日本経済団体連合会《にほんけいざいだんたいれんごうかい》（経団連）の事務局に11年弱勤務し、主に国際分野で仕事をした。そこでは、日本の経済や社会の仕組みを勉強できただけでなく、チームに役立つ仕事をするにはどうしたらいいのか、さまざまな立場の人たちとうまく仕事を進めるには何が大切なのかなど、仕事の基本を学ぶことができた。さらに、ヨーロッパや北アメリカのビジネス関係者と情報交換《こうかん》をしたり、連《れん》携《けい》して各国政府と交渉《こうしょう》した経験から、国際的な仕事のおもしろさを実感した。

１９９５年から3年間は、経団連事務局からパリにあるＯＥＣＤ（経済開発協力機構《けいざいかいはつきょうりょくきこう》）に出向し、国際機関の仕事への理解と関心を深めた。

日本の経験を活かす

２００２年、36歳の時にＵＮＤＰに転職した。ＵＮＤＰでは、まず本部（ニューヨーク）のアフリカ局でアフリカ各国にあるＵＮＤＰ事務所を支援《しえん》し、２００７年から２０１

1年までは西アフリカのガーナでＵＮＤＰ副代表を務めた。２０１１年から２０１９年までは、ニューヨークに戻り、ＵＮＤＰが日本、国連事務局、世界銀行、アフリカ連合とともに運営しているアフリカ開発会議《かいはつかいぎ》（ＴＩＣＡＤ）のＵＮＤＰ側責任者として尽力《じんりょく》した。

２０１９年からはマラウイでＵＮＤＰの常《じょう》駐《ちゅう》代表を務めている。これらの仕事では、日本の経験や考え方を同僚《どうりょう》に紹介《しょうかい》したり、日本関係者と国連関係者を橋渡《はしわた》ししたり、チームワークを奨励《しょうれい》して良い結果につなげた。日本での民間の経験は現在の仕事にたいへん役立っている。

また、私はできるだけ現場に出て、多くの人たちから直接話を聞くように心がけている。ガーナに赴任《ふにん》して間もなく、プロジェクトの視察で農村を訪問したことがあった。農作物

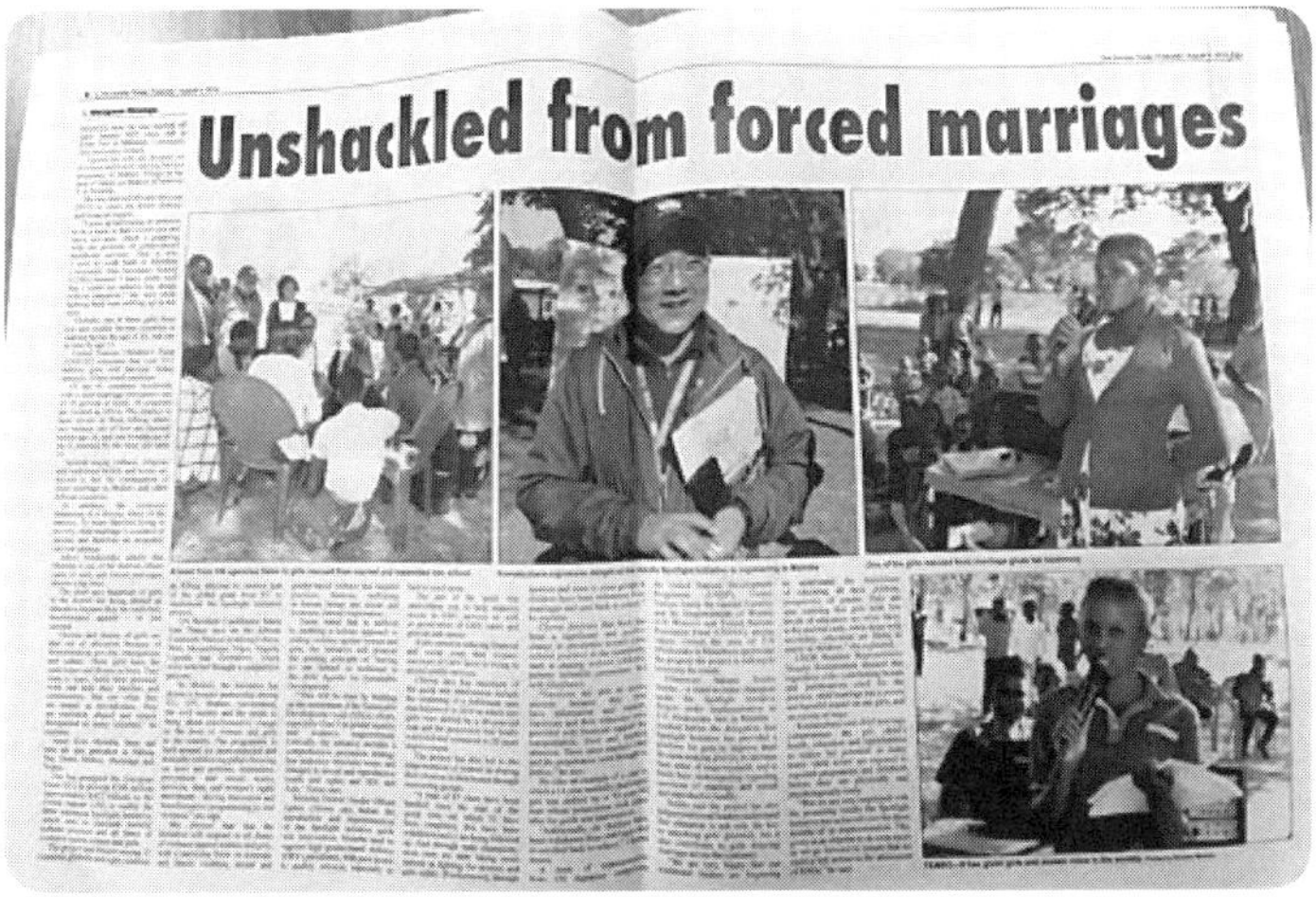

人権プロジェクトで現地を視察

コミュニティーでの自主的な揉めごとを解決するため現地を訪問

を近くの市場にたくさん運んで収入を増やすためにトラックかオートバイが必要と言われるのかと思っていたら、頼《たの》まれたのは自転車だった。自転車は壊《こわ》れても自分で直せるし、ガソリン代がかからない、だからオートバイより自転車がいいとのことだった。現場から学び、解決策を考える「現場主義」は世界のどこでも大切だ。これも日本で仕事を通じて学んだことのひとつである。

このように、日本と国際機関の仕事のやり方には共通点もある反面、違《ちが》うところもある。たとえば日本では言葉なしで成り立つ共通理解の範囲が広いが、多様な価値観をもつ職員が勤務する国際機関では共通理解は話し合いを通じてつくるものである。先入観を排《はい》しておたがいの話に耳を傾《かたむ》け、積極的に話し合うことを英語では「オープンマインド」というが、前例に頼《たよ》るのではなく、いろいろな人の意見を聞きながら考え、判断し、行動に移す能力が国連職員・国際公務員には求められる。国際機関の募集《ぼしゅう》にさいして実務経験が求められるのは、このような能力を十分に備えていることが肝要《かんよう》だからであろう。

パッション（熱意）とミッション（奉仕の志）をもって、より良い世界のために貢献《こうけん》したいと思う人たちを、国際組織は待っている。

生活と収入、将来性

開発途上国で働く場合が多く、日本人職員の占める割合はまだ低い

国際公務員の生活

国際公務員は勤務地でどのような生活を送っているのでしょうか。ここでは国際公務員の生活面を中心に紹介《しょうかい》します。

国際機関では専門職や管理職の職員は原則として自国外で働くことになっています。国際公務員として勤務している限り海外で生活することになります。勤務地はその人の職種、勤務する機関にもよりますが、自国以外の国であり、特に開発途上国《とじょうこく》である確率が高くなります。また、UNDP、UNHCR、UNICEFなどの機関では、職員の流動化を図るために定期的に転勤させる制度（ローテーション）を採用しています。職員はひとつの任地に2～4年勤務するとつぎの任地に転勤します。

国際機関は帰国休暇《きゅうか》（ホーム・リーブ）として1年おき（勤務地によっては毎年）に母国への往復交通費を支給します。国際機関に長く勤務していると、やはり母国とのつながりが薄《うす》くなります。退職後も母国に戻らず、職場の気の合う同僚《どうりょう》たちと物価の安いスペインなどで老後を過ごしている人たちもいます。

勤務地での日々

国際機関に勤務していると、よく同僚《どうりょう》の家で週末などに行われるパーティーに招かれます。これは、国籍《こくせき》、文化的背景、信仰する宗教などが異なるなかでいっしょに仕事をしていくためのひとつの知恵《ちえ》なのかもしれません。エスニック料理を楽しみながら、家族同伴《どうはん》で時間を過ごすことは非常に楽しいものです。

同世代の同僚《どうりょう》とテニスなどのスポーツをいっしょにする人もいます。ささやかなことのようですが、勤務時間外にいっしょに時間を共有することは連帯感を深めます。

結婚《けっこん》

日本ではある程度の年齢《ねんれい》に達すると結婚《けっこん》し、家庭を築き社会的責任を果たすことを求められているように思います。けれども、国際機関の職員はさまざまなライフスタイルをとっています。職場以外の私生活は個人の自由です。結婚《けっこん》に関しては未婚者《みこんしゃ》、既婚者《きこんしゃ》、別居中の者、離《り》婚者《こんしゃ》、再婚者《さいこんしゃ》などさまざまです。未婚者《みこんしゃ》が恋人と住んでいたりもします。

海外で長く生活していると、女性、男性を問わず、結婚《けっこん》については同じ国籍《こくせき》の人であることよりも、価値観の共有を優先させる人が増えています。相手が外国人の場合には国際結婚《けっこん》ということになりますが、国際機関では国際結婚《けっこん》をしているカップルが多いように思います。日本人の場合、女性のほうが国際結婚《けっこん》をする比率が高いようです。

国際機関では、多くの女性が結婚《けっこん》後、さらに出産後も仕事を続けています。2人のキャリアを尊重するために別居結婚《けっこん》をしているカップルもしばしば見られます。

桜の季節、昼休みに同僚と散歩　岸上明子さん提供

子どもの教育

家族がいる国際公務員の最大の悩《なや》みは子どもの教育でしょう。前述したように、専門職や管理職の職員は国際機関に勤務している限り、一部の例外を除き自国外の海外勤務になります。低学年の子どもがいる場合には、任地に日本人学校があればそこに通わせたりしますが、日本人学校がない場合は現地の小中学校、あるいはインターナショナルスクールに通わせることになります。後者の場合は日本語補習校にも通わせなければならないなど、苦労することが多いようです。

子どもにどこの国で大学教育を受けさせるかは、海外で働く親にとって大きな決断を求められる事柄《ことがら》です。日本での教育を経験させずに欧米《おうべい》の大学で高等教育を受けさせる場合もあれば、帰国子女の枠《わく》で日本の大学で学ばせる場合もあります。この選択《せんたく》は、親および本人が将来どのように生きていきたいかということと深くかかわっています。

待遇《たいぐう》について

国際公務員の給与《きゅうよ》体系は「ノーブル・メイヤーの原則」に基づき体系づけられています。その内容は、国際機関で働く職員の給与《きゅうよ》体系は世界中でもっとも高い給与《きゅうよ》水準の国の公務員体系を基礎《きそ》にすべきである、というものです。

また、給与《きゅうよ》体系は各勤務地での物価水準を取り入れ、さらに、海外勤務にともなう報酬《ほうしゅう》を考慮《こうりょ》に入れています。

この原則により、１９４５年に国連が設立されたさい、当時世界でもっとも給与《きゅうよ》水準が高かったアメリカ連邦《れんぽう》政府の制度に基づき、国連システムの給与《きゅうよ》体系が整備されました。しかし、近年、国際機関の給与《きゅうよ》水準は先進国の民間企業《きぎょう》の給与《きゅうよ》と比べて見劣《みおと》りする状況《じょうきょう》になっています。

・ドル立て給与《きゅうよ》

国際公務員の給与《きゅうよ》はドル立てで計算され、職員が希望する通貨で支払《しはら》われます。この方法で、たとえば、ローマで働く日本人職員の場合、給与《きゅうよ》はドル表示ですが、一部を円で日本へ送金し、残りを現地通貨のリラで受け取れるように申請《しんせい》することもできます。
給与《きゅうよ》はつぎのように計算されます。
給与《きゅうよ》＝基本給＋地域調整給＋各種手当－掛《か》け金《きん》（年金、健康保険）
基本給：給与《きゅうよ》の基本となる部分です。これには税込《ぜいこ》み額と手取り額の2種類があります。国際公務員は直接税金を支払《しはら》う国をもちません。職員は自国に住んでいたら当然支払《しはら》うであろう税金を払《はら》っていないことになります。この不公平さを解消するために、基本給与《きゅうよ》の一定割合を職員課金（スタッフ・アセスメント）という形で徴収《ちょうしゅう》し、職員の母国政府へ払《はら》い戻《もど》しています。この課金を含《ふく》めた額が税込《ぜいこ》み額であり、含《ふく》まない額が手取り額です。

地域調整給：勤務地が世界中に広がっていることから、これは各勤務地での生活水準を調整するための手当です。この手当は、その地の生活に必要とされる基礎《きそ》費用、生活水準、そのほかの関係項目《こうもく》に関して国連が毎月発表する統計をもとに計算されます。

・ボーナス

ボーナスはありません。月額給与《きゅうよ》は、つぎに説明する「実際の給与額《きゅうよがく》」の項目《こうもく》に表示される年間給与額《きゅうよがく》を12（カ月）で割った額です。ほかの特別賞与《しょうよ》などもありません。

・実際の給与額《きゅうよ》

国際公務員はいったいどの程度の給与《きゅうよ》を受け取っているのでしょうか。給与《きゅうよ》は基本給と地域調整給から構成されています。基本給は勤務地を問わず、職位、等級によって支払われる給与《きゅうよ》です。地域調整給は国連本部があるニューヨークで生活するのと同じレベルの生活を送るための調整を行う手当です。国連や主要専門機関の本部で働く職員の手取り年間給与額《きゅうよ》（基本給＋地域調整給）を図表8に示します。

・各種手当

手当のなかでもっとも大きな比重を占《し》めるのが異動手当・困難地手当です。異動・困難

図表8 国際公務員の給与

ニューヨーク	8万 589ドル（約870万3600円）
ジュネーブ	8万1062ドル（約875万4700円）
バンコク	6万8238ドル（約736万9700円）
ローマ	6万1423ドル（約663万3700円）
パリ	6万8711ドル（約742万 800円）
ウィーン	6万7245ドル（約726万2400円）
ナイロビ	6万7245ドル（約654万1700円）

金額は手取り基本給額と地域調整額を加えた数字。P－2、ステップ1（大学院修士課程修了、職歴なし）で独身の職員の場合。カッコ内は円表示の額。1ドルは108円換算（2020年6月現在）。

手当は職員間の流動性を高めるため、僻地《へきち》（1から4までのレベルがある）に勤務する者や転勤を頻繁《ひんぱん》に行っている者に支払《しはら》われます。

このほかに、資格を満たすものには異動・困難手当および後述する教育補助金、家賃補助金が支給されます。なお、上記額から年金の掛《か》け金《きん》と健康保険の掛《か》け金《きん》が差し引かれます。

・扶養《ふよう》手当

配偶者《はいぐうしゃ》の年収が一定額を超《こ》えない場合、基本給（税抜《ぜいぬ》き）に地域調整給を加えた額の6％を受けとることができます。

・困難地手当

英語でHardship手当とよばれ、特定のフィールド（B～E）に赴任し、家族の帯同が認められないなど、日常生活を送ることに困難を伴う勤務地で働く職員に対して支給されます。

・赴任《ふにん》・離任《りにん》・転勤にかかわる異動手当

異動にかかわる費用、および新しい任地で生活を始めるために必要となる費用は、一時金という形で支給されます。

・**年金**

国際機関に5年以上勤務した者には、65歳《さい》に達した日以降、年金が支給されます。

・**健康保険**

各機関がそれぞれ保険会社と契約《けいやく》しており、職員の医療費《いりょうひ》の8割ないし9割が保険でカバーされます。被保険者は世界中、本人の好む場所で治療《ちりょう》を受けることができます。

・**有給休暇《きゅうか》**

職員は年間30日（1カ月当たり2・5日）の有給休暇《きゅうか》を与えられています。さらに、年間に8日から10日間程度の祝祭日が各機関、勤務地ごとに定められています。

・**出産休暇《きゅうか》**

女性の職員のための制度として産前・産後、合計4カ月（16週間）の出産休暇《きゅうか》があり、この期間の給与《きゅうよ》が100％保障されています。この期間中にも1カ月当たり2・5日の有給休暇《きゅうか》が別に与《あた》えられます。それゆえ、過去の有給休暇分《きゅうかぶん》と上記出産休暇《きゅうか》を組み合わせると、職場復帰まで数カ月間、通常の給与《きゅうよ》を受け取りながら出産と育児に専念できます。さらに、職場復帰時には以前のポストに戻《もど》れる先任権が完全に保障されています。昇進《しょうしん》は出産によって遅《おく》れることがないよう就業規則に明記され、かつ実行されています。国際機関によっては託児所《たくじじょ》を設けているところもあります。

・**帰国休暇《きゅうか》（ホーム・リーブ）**

これは職員が自国外で勤務することにより出身国とのつながりが稀薄《きはく》になることを防ぐために設けられている制度で、職員とその家族は1年おきに（勤務地によっては毎年）母国へ帰ることができます。これにかかわる交通費（航空券）は勤務先から支給され、このさい、職員は2週間以上の有給休暇《きゅうか》を取ることを求められます。

・**教育補助金・家賃補助金**

教育補助金は、子どもが大学教育を修了《しゅうりょう》するまでの教育費について、一人につき勤務地ごとに決められた額の補助を受ける制度です。家賃補助金は、住宅供給が不足している勤務地での高額の家賃支払《しはら》いを補うため、条件を満たす場合に支給される補助金です。

日本人職員の雇用《こよう》を妨《さまた》げるさまざまな問題

国連システム内の38国際機関には2018年末現在、989人の日本人職員（専門職および管理職）が勤務しており、これら日本人が全体に占《し》める割合は約3％に過ぎません。しかし、この989人のなかには日本政府が費用を負担するJPOが100名程度含《ふく》まれています。

「国際公務員の採用方針」（58ページ）で述べた通り、各国際機関の専門職と管理職職員に占《し》める各加盟国出身職員の比率は、その加盟国の分担金割合を相当程度反映することが建前になっています。しかし、日本の場合は主要国際機関に対して約9%と、10%に近い分担金を拠出《きょしゅつ》しているにもかかわらず、日本人職員の占《し》める割合は約3%ときわめて低いものとなっています。

日本の国際機関への高い分担金割合に比べて日本人職員が少ない理由として、国連が第二次世界大戦後、連合国が中心となって設立された組織であるなどの歴史的背景が考えられます。さらに、このような理由とは別に、日本人職員の国際機関への雇用《こよう》を妨《さまた》げている要因として、つぎのことが考えられるでしょう。

・職場での使用言語の問題。
・給与面《きゅうよめん》の問題。
・子どもの教育問題。
・雇用《こよう》形態の違《ちが》い。
・採用にさいしての資格および条件の問題。

最初の四つの問題の詳細《しょうさい》は「職場と仕事」（65ページ）で述べました。最後の問題については、つぎの3章で述べます。

Column

国連は目的でなく手段

国際NGOコペルニク　中村《なかむら》俊裕《としひろ》さん

緒方貞子さんや明石康さんらが活躍《かつやく》していた国連に興味をもったのが高校生のころ。司法試験の勉強や、企業《きぎょう》への就職活動をする大学の同級生を横目に、国連でのキャリアをめざすためにイギリスの大学院へ留学。その後、UNHCR本部でのインターンが決まったことで国連での仕事に足を踏み入れた。

東京でのコンサルティング会社での勤務を経て、JPOとしてUNDPの東ティモールに赴任《ふにん》。その後、UNDPの「LEADプログラム」という制度を通じて職員となり、スマトラ沖地震《おきじしん》後のインドネシア、そして西アフリカのシエラレオネなどで勤務。それらの経験から、途上国支援《とじょうこくしえん》を効果的かつ革新的にしたいと思い、UNDPのニューヨーク本部勤務中にコペルニクという団体の立ち上げを決めた。

私が共同創設者兼代表を務めるコペルニクは、インドネシア・バリ島に本部を置き、起業家や民間企《き》業《ぎょう》など、パブリックセクターを超《こ》えた人びとを途上《とじょう》国《こく》の問題解決に巻《ま》き込《こ》み、SDGsをより効率的に達成することをめざしている。近年は新しい解決策を実地でテストし、データをもとに、解決に効果があるかどうかを検証するという実証実験活動を主に行っている。

競争が激しいこともあってか、国連に就職する、残るということを目的にしがちだ。しかし、大事なのは、国連という舞台に立つことで世界の課題解決に貢献《こうけん》するということ。国連は手段であり、目的ではないのだ。だから、別の手段が見つかった場合は、自分の意志で国連を出てその道を探求するのもありだと思う。

インドネシア・スマトラで経済的自立をめざす女性グループと。中央奥が中村さん

3章

なるにはコース

適性と心構え

対人能力、語学能力、専門分野での知識・経験が求められる

国際機関で働くための必須《ひっす》要素

筆者は２００３年に国際機関に働く日本人職員を対象にアンケート調査を行いました。分析《ぶんせき》の結果、男女により専門・専攻《せんこう》分野が異なること、職員は国際機関が社会貢献《こうけん》や自己の能力を発揮することができる職場であると考えていること、国際機関で働くためには適応力、語学能力、専門分野での知識・経験が必要であることがわかりました。調査時と現在では多少の違《ちが》いはあるかもしれませんが、傾向《けいこう》は大きく変わっていないと考えられます。

ここで紹介《しょうかい》する分析《ぶんせき》結果は、２００３年に５４１人の日本人国際公務員に対して行ったキャリア全般《ぜんぱん》に関するアンケート調査の回答から得たものです。

まず、回答した１７０人の正規職員の属性を図表９に表します。この図表からわかるよ

うに、日本人国際公務員は修士以上の学歴をもつものが全体の90％を占《し》め、男女間で差がありますが、日本で平均7年間の勤務経験があることがわかります。また、男女とも現在まで平均2・4カ国で勤務してきたこともわかります。

高校・大学での専攻《せんこう》分野とその後の進路

調査結果から、女性の国際公務員と男性の国際公務員を比較《ひかく》してみると多くの面で異なる特徴《とくちょう》をもつことがわかります。

たとえば女性の場合は、高校・大学時代に国際公務員になりたいと考えをもち、その後海外の大学院に進んだり、国際関係学など国際機関の事業活動に関連した専攻《せんこう》分野を選択《せんたく》する傾向《けいこう》があります。実際、図表10を見てもわかるように、女性職員の最終専攻《せんこう》・専門分野は開発学、国際関係学、行政管理学（ＭＰＡ）に集中しています。

一方、男性の場合は20代後半に国際機関で働くことに興味をもち、準備を始め、実際国際機関に入職するのは30代前半です。男性の最終専攻《せんこう》・専門分野は法学、経済学、経営管理学（ＭＢＡ）、国際関係学、開発学、理学、工学と多岐《たき》にわたっています。男性の場合は、自分の受けた教育・経験を国際機関の活動に活かすことができると考え、国際機関で働くようになった人が多いようです。

図表9 アンケート回答者（日本人正規職員170人）の属性

		全体	男性	女性
	人数	166人※	79人（48%）	87人（52%）
	平均年齢	43歳	46歳	39歳
	平均職位	P－4	P－4、Step 4	P－3、Step 5
	既婚者	110人	66人（84%）	44人（51%）
最終学歴	博士号取得・課程修了	40人（26%）	22人	18人
	修士	98人（64%）	40人	58人
	学士（大学）	16人（10%）	11人	5人
	日本での勤務経験あり	134人	67人（50%）	67人（50%）
	日本での勤務年数	7年	9年	4年
	勤務国	2.4カ国	2.5カ国	2.3カ国

※4名は性についての問いに回答していない。

図表10 男女別最終学歴での専攻分野

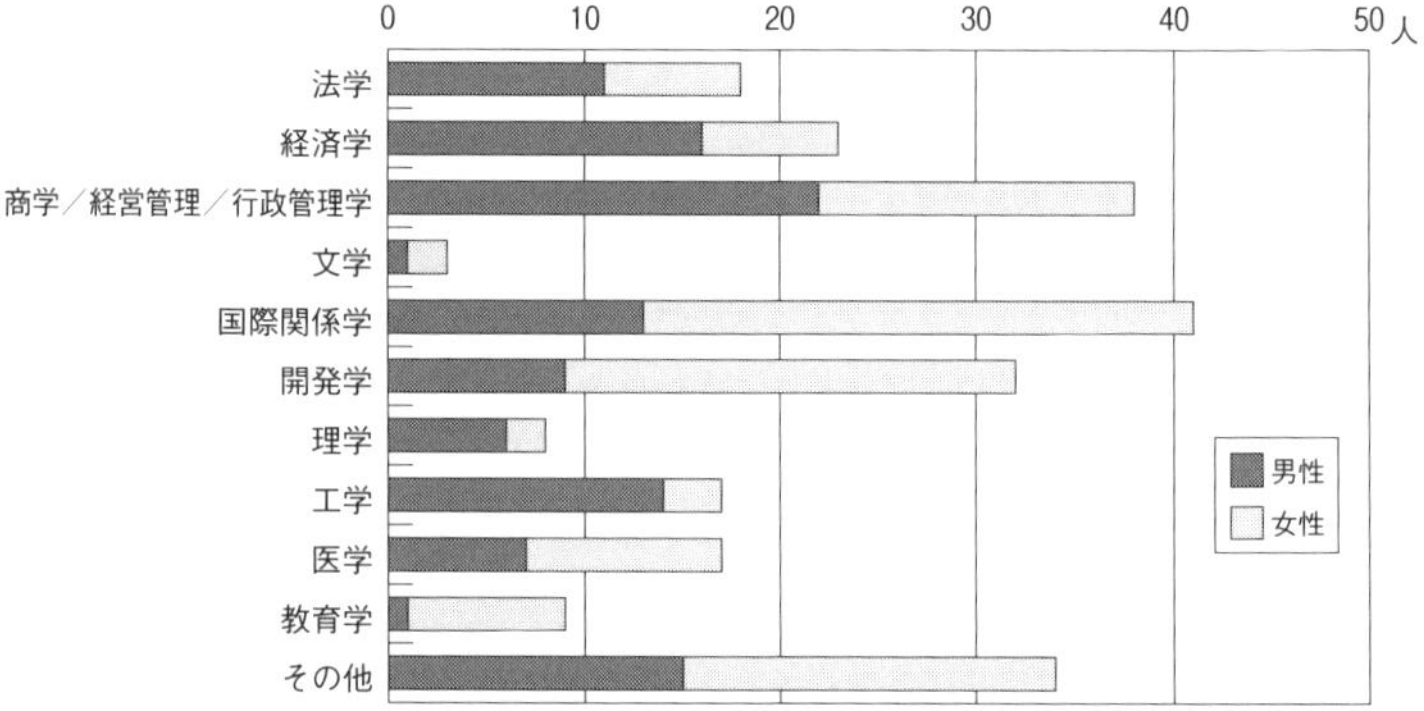

図表11 男女による入職方法

		男性（人）	女性（人）	合計（人）
中途採用	空席公募	27	14	41
	採用ミッション	7	8	15
	小計	34	22	56
内部昇進	JPO	22	37	59
	UN-YPP	6	14	20
	YPP	5	6	11
	小計	33	57	90
	その他	13	8	21
	合　計	80	87	167

図表9，10，11ともに『国際公務員のキャリアデザイン』（横山和子著、白桃書房）から引用。

なるための方法はひとつではない

国際機関に入職する方法も男性と女性では異なっています。入職方法としては、ＹＰＰ試験、ＪＰＯ試験などに合格し、若い時期から国際組織で働き内部昇進《しょうしん》する方法と、空席公告の正規ポストに応募《おうぼ》する中途《ちゅうと》採用の方法があります。図表11からわかるように、現職日本人職員を調べると、3分の1が中途《ちゅうと》採用者であり、3分の2が内部昇進者《しょうしんしゃ》です。入職方法を男性と女性に分けてみると、男性は空席公募《こうぼ》やＪＰＯ試験などの若手採用試験を経由して国際機関で働くようになっている一方、女性の場合はＪＰＯ試験、ＹＰＰ試験など若手採用試験経由が中心になっています。

よく、国際公務員になるためには○○を専攻《せんこう》していなければならない、と思い込《こ》んでいる人がいます。しかし、上記調査の結果が教えてくれることは、国際機関に入職するための方法はひとつではないということです。また、自分の専門分野を国際機関の事業活動に合わせるように努力するのではなく、自分のもっているスキル・経験を国際機関で活用するというくらいの気持ちをもつことが必要です。

さらに、若い時にはそれほど必要がないかもしれませんが、年齢《ねんれい》を重ねるにつれて部下を管理することができる能力が昇進《しょうしん》の大きな要素になります。若いころに多数の人を束《たば》ねる機会があったら、積極的に取り組んでみましょう。

筆者は国際機関で9年間働き、帰国した後は大学で教えるかたわら国際公務員志望者へのカウンセリングを約20年間行いました。この経験から、国際公務員になるには、本人の能力・資質・経験に負うところが大きいといえますが、それと同程度か、それ以上にしっかりとキャリア計画を立て、それを実現できているか否かがカギになっているように思います。上記アンケートに回答した現職の日本人国際公務員の多くは、自分が貢献《こうけん》したい分野を明確にするとともに、必要な準備、かつそれまでの職業経験を活かす形で国際機関に働くようになった人たちです。

海外経験

まず重要なことは、なるべく早い時期から多くの海外経験をもつことです。早ければ早いほど良いと考えます。海外の国々を見聞する機会があったならば、「語学研修」「国際体験プログラム」「海外インターンシップ」、あるいは単なる観光旅行でもいいですから、それらの機会をできるだけ活用することを勧めます。理由は二つあります。

第一は、自分の視野が広がり問題意識が高まることです。できれば機会をつくり開発途《と》上国《じょうこく》を訪ね、その地で生活している人びとと交流する経験をもつことを勧めます。そうす

ミャンマーのスレイ寺院。自分で海外の空気を感じてみよう　著者撮影

ることにより、開発途上国《とじょうこく》がかかえている問題を自分の目と耳で確かめることができます。これらの経験により、新聞やテレビなどのメディアではなかなか得られない経験を通し、問題の本質を理解できるようになります。

第二の理由は、外国の人びとに共感をもてるようになることです。最近はアジアの人びとが日本で仕事をしたり、海外の観光客も多く日本を訪問しています。しかし、たとえば一般《いっぱん》の人がアフリカの人びとと知り合える機会はまだ少ないように思います。筆者の教える大学のゼミで、学生たちがアフリカが直面している問題を調べて報告したさいに、「知識としては理解できたけれど、今までアフリカの人に会ったことがないので、身近な問題として実感できなかった」という声がありました。もし、日本以外の国の人とどこかで知り合う機会があれば、「ああ、この人たちも私たちと同じようなことを考えているんだ」と、その人たちに共感できるようになります。そこを土台にして、その地域、あるいはその地の人びとが直面している問題について理解しようという意識が深まると思います。

このような理由から、国際公務員だけに限らず、国境を越《こ》えて働きたいと考える人には、短期間であっても海外経験をもつことを勧めます。

語学能力

国際機関の職場で使われている言語は英語やフランス語であり、日本語ではありません。それゆえ、「自分は海外で教育を受けていないから国際公務員になれない」と考えている人がいるかもしれません。海外で教育を受けていて英語やフランス語を母国語と同程度に駆使《くし》することができれば、語学のうえでは国内で教育を受けた人よりはるかに有利です。また、海外で教育を受けた人は異文化社会のなかで自分を主張する訓練を受けていることから、プレゼンテーション能力が日本で教育を受けた人より優れていることが多いかもしれません。しかしながら、国際公務員になるには海外での教育は必ずしも必要ではありません。なぜなら、日本人の語学能力が向上しているからです。

「日本人は英語が下手《へた》だ」と言われてきました。日本人は身近で英語に接する、学習する機会は限られていたように思います。けれども、現在は国内で外国人と交流したり、英語を学ぶ場所はたくさんあります。自宅で外国のニュース番組を視聴《しちょう》することができますし、ネーティブの外国人から英語を学べる語学学校もたくさんあります。また、最近はフィリピンやアメリカにいる現地の人たちとオンラインで英会話の練習を行うことも簡単にできるようになりました。多くの大学では学生たちに異文化体験をしてもらおうと、さまざまな国際体験プログラムを提供しています。

以前、国際労働機関（ＩＬＯ）から採用担当者が来日した時のことです。担当者はＩＬＯに二十数年間働いていた女性でした。職場で多くの日本人職員を知っており、日本の若者を面接し、「選考にさいし、言葉は障害でなくなっている」と感想を述べていました。「以前職場にいた、あるいは仕事上知り合った日本人の英語には日本語アクセントがあったけれど、今回面接した若者たちにはそんなアクセントがなかった。また、彼らは自分の意見をきちんと述べ、上手にコミュニケートしていた」と言っていました。

海外経験はあくまでもきっかけ

筆者自身、日本の大学で経済学を学び、語学に関しては特別の教育を受けませんでした。大学卒業後、アメリカ留学中および国際機関に入ってから自分の語学能力の低さを痛感しました。それゆえ、英語力をつけるよう、特に速読できるように週末ごとにアガサ・クリスティーの小説を英語で読んだりしたものです。また、昼食時間を利用して行われる国連の語学コース（英語、フランス語、イタリア語）を受けたり、イギリス人に英語の個人レッスンを受けたりしました。日本で教育を受けて国際機関に入った人は、語学に関しては多かれ少なかれ筆者と同じような努力をしていると思います。

なお、前述した「海外経験」は、きっかけになってもその経験だけで語学能力が向上するわけではないことを心に留めておいてください。海外で生活すれば語学能力が向上すると簡単に考える人がいるようですが、それは間違《まちが》いです。外国語の習得には時間がかかります。

国際機関での就職

みなさんが国際機関で働くことを考える時、65歳《さい》の定年退職年齢《ねんれい》まで同じ機関で働くことを頭に描《えが》いていませんか。近年、転職することはめずらしいことではなくなりましたが、日本の伝統的雇用《こよう》制度の柱は長期雇用です。みなさんは大学を卒業した後に入社した会社・組織で定年まで働くべきであると考えていませんか。海外の職場では転職は頻繁《ひんぱん》に行われています。実際、20～30歳代《さいだい》に国際機関に就職し、定年まで同じ機関で働き続けている人は、一般《いっぱん》に考えられるより少ないのです。

前述したように、筆者は国際機関に働く日本人に対してキャリアに関するアンケート調査を行いましたが、回答者の約40％は定年まで国連で働くことを考えていないと答えています。これらの人びとは「国連以外の分野で自分の能力を発揮したい」と回答していました。筆者も国際機関で9年間働いた後、日本で教職に就きましたが、転職した理由は自分の生まれ育った国で生活してみたいというものでした。現在、日本の労働市場はかなり整備され、転職のための環境《かんきょう》も整ってきています。グローバル時代に地球規模の問題解決のために国際機関で働き、かつ多国籍《たこくせき》の同僚《どうりょう》と英語、その他の外国語で勤務したという経験は、帰国後に日本社会でも高く評価されると

ライフワークとして働き続けられるかどうかは自分しだい　岸上明子さん提供

確信しています。

　将来みなさんが国際機関で働き、そこでの仕事が自分に向いていると考えれば、そのままライフワークとして定年まで国際機関に勤めればよいのです。もし、ほかの場で能力を発揮したいと考え転職を、あるいは親の介護《かいご》など家庭の事情で帰国を考える場合には、そうすればよいのです。肩《かた》の力を抜《ぬ》き、自分のキャリア形成の場として国際機関という職場を考えればよいと思います。

帰国後の就職はさまざま

　国際機関に定年まで働いた人は、その後どのように生活をしているのでしょうか。定年後、日本に帰国した人は日本の大学で教職についたり、顧問《こもん》という形で関連団体に再就職したり、あるいは悠々自適《ゆうゆうじてき》に生活をエンジョイしたりとさまざまです。また一部には、子どもたちが海外にいることから、退職後も日本に戻らない人たちもいます。

　では、国際機関に数年間勤務したのちに帰国した30歳代《さいだい》の人は、どのようなところに職を得ているのでしょうか。

　就職先はさまざまです。日本の民間企業《きぎょう》に中途《ちゅうと》採用で就職する人ももちろんいますが、今までの職歴を活かし、開発援助《えんじょ》機関、研究所、シンクタンクなどに職を得ていたり、語学力を活かして外資系企業《きぎょう》に就職したりしている人もいます。また、国際協力分野のコンサルタント会社に勤め、そこから国際機関やＯＤＡ（政府開発援助《えんじょ》）の分野で働いている人もいます。なお、援助《えんじょ》との関連で述べれば、ＪＰＯ経験者はＪＩＣＡのジュニア専門員試験の選考時にプラスに評価されます。また、内閣府国際平和協力本部事務局《ないかくふこくさいへいわきょうりょくほんぶじむきょく》では、国際平和研究員を募集《ぼしゅう》しており、応募《おうぼ》資格のひとつに「国際機関または国際平和協力各種団体等で国際平和協力分野等の実務経験を有する者」とあります。ＪＰＯ契約満了後《けいやくまんりょうご》、つぎの正規職員に応募《おうぼ》・採用されるまでのつなぎとして、この制度を活用することができます。詳細《しょうさい》は*内閣府国際平和協力本部事務局ＰＫＯホームページで確認できます。

筆者の場合を紹介《しょうかい》しましょう。筆者は大学での教職の道を選びました。筆者は国際機関に9年間勤務しました。数年間働き国際機関の仕事と職場に慣れたころ、一度自分の国に戻《もど》り生活してみたいという願望が強くなりました。けれども、労働条件に恵《めぐ》まれ、個室で自分のペースで仕事をしていた環境《かんきょう》から、大部屋《おおべや》で職場に長時間拘束《こうそく》される男性優位の日本企業《きぎょう》に転職する気持ちにはなれませんでした。そんな折、教職の話を紹介《しょうかい》され、この職業なら自分で時間を管理し、自分のペースで仕事ができると考え、転職を決意しました。

日本で再就職を考えるさいに留意してほしいことは、自分の適性と国際機関での経験を日本での新しい仕事にどのように結びつけることができるかを十分に考え、そのうえで転

＊内閣府国際平和協力本部事務局 PKO http://www.pko.go.jp

職の行動をとることです。国際機関の職務経験者に対する需要はあります。けれども、国内のジョブ・マーケットに関する情報は散在しており、それらをまとまった形で入手することは難しいのが現状です。

将来日本に戻《もど》ることを考えている人は、常に日本国内のジョブ・マーケットをチェックしておくことを勧めます。国内の情報にどのようにアクセスすればよいかがわからないと、時間を浪費《ろうひ》してしまうことが多いようです。

国際公務員への道のり

主要な試験や採用ミッション、公募について知っておこう

YPP試験（国連事務局ヤング・プロフェッショナル・プログラム）

この試験は日本など、国連に支払《しはら》う分担金の割合と比較《ひかく》すると、その国出身の専門職職員の人数が少ない国の者を対象にして、国連本部が実施《じっし》する試験です。年に1度、試験が実施《じっし》され、若手正規職員（P－1／P－2）が若干名、この試験の合格者のなかから採用されています。応募《おうぼ》資格は、（1）日本国籍《こくせき》をもち、（2）年齢《ねんれい》が32歳《さい》以下で、（3）英語またはフランス語の少なくともどちらかで職務を遂行《すいこう》することができ、（4）募集《ぼしゅう》分野に関連する学士以上の学位を有することです。試験は書面審査《しんさ》、第1次試験と第2次試験に分かれています。

第1次筆記試験は教養試験と専門試験から構成されており、オンラインで受験します。

図表12　YPP試験P－1/P－2レベルの応募資格

（1）日本国籍を有すること
（2）年齢は32歳以下
（3）英語またはフランス語の少なくともどちらかで職務を遂行することができること
（4）募集分野に関連する学士以上の学位を有すること

図表13　YPP試験P－1/P－2レベルの近年の募集職種分野

2017年度	政治、平和、人道ネットワーク (Political, Peace and Humanitarian Network：POLNET) 経営管理ネットワーク (Management and Administration Network：MAGNET) グローバルコミュニケーション (Global Communications) 政治、人権 (Political Affairs and Human Rights) 広報・会議管理ネットワーク (Public Information and Conference Management Network：INFONET)
2018年度	法学分野 (Legal Affairs) 社会分野 (Social Affairs) 統計 (Statistics)
2019年度	経済分野 (Economic Affairs) 情報システム・技術 (Information Systems & Technology)
2020年度	経営管理 (Management and Administration) グローバルコミュニケーション (Global Communications) 政治、人権 (Political Affairs and Human Rights)

第2次試験ではコンピテンシーに基づく面接が行われます。コンピテンシーとは、優秀な成果を残す人には共通する行動特性があるとの考えに基づき、応募《おうぼ》者の過去の行動や経験を客観的に判断・評価する面接方法です。試験では、受験者が英語かフランス語のどちらかを選びます。試験が行われる年にもよりますが、この試験により毎年数名が合格しています。この試験に合格するためには、専門知識と高度の語学能力が要求されます。

合格者は国連のロスター（合格者名簿《めいぼ》）に登録されます。合格後はP－1またはP－2のポストの空き状況《じょうきょう》に応じてロスター登録者のなかから選考が行われます。そのため、合格がイコール採用ではありません。正規ポストに採用されると、2年の任期で勤務し、勤務成績が優秀《ゆうしゅう》であればその後も引き続き雇用《こよう》されます。

この試験の合格者の多くは、海外の大学院で修士号を取得した者です。応募《おうぼ》資格としては学士号以上の学歴が要求されると書いていますが、合格者のほとんどは修士号以上の学歴をもっています。なお、職歴は特に求められていません。

図表13に示すように、募集《ぼしゅう》職種分野がその年によって異なります。受験を考える人は、受験を予定している年に自分が希望する専門分野が募集《ぼしゅう》されているかどうかを確認しておく必要があります。

図表14 2020年度JPO試験応募資格

（1）試験実施年の2月1日現在、35歳以下であること
（2）国際機関の業務に関連する分野で修士号を取得しているか、取得見込みであること
（3）国際機関の業務に関連する分野において2年以上の職務経験があること
（4）英語で職務遂行が可能であること
（5）長期に国際機関で働く意思を有すること
（6）日本国籍をもつこと

ＪＰＯ（ジュニア・プロフェッショナル・オフィサー）派遣《はけん》候補者選考試験

ＪＰＯ制度は各国政府の費用負担を条件に国際機関が若手人材を受け入れる制度です。日本においては、外務省がＪＰＯ派遣《はけん》候補者選定試験を主催《しゅさい》し、毎年約50人程度の若手日本人を準専門職職員（Ｐ－２レベル）として原則2年間、国際機関に派遣《はけん》する機会を与《あた》え、この制度により国際機関に勤務する者はＪＰＯと呼ばれます。ＪＰＯは国際機関の職員として勤務しながら国際機関の正規職員をめざします。２０２０年度試験の応募《おうぼ》資格は図表14のとおりです。

２０２０年現在、試験は国際機関選考枠《わく》（ＵＮＤＰ、ＷＦＰ、ＯＥＣＤ、ＯＰＣＷ［科学兵器禁止機関《かがくへいききんしきかん》］志願者）と外務省選考枠《わく》上記以外の機関で、派遣契約《はけんけいやく》を締結《ていけつ》している国際機関対象の二つに分かれています。試験はともに第1次審査《しんさ》（書面審査《しんさ》）と第2次審査《しんさ》（面接審査《しんさ》）から成り立っています。
第1次審査《しんさ》は書面審査《しんさ》です。応募者《おうぼしゃ》は指定の期間に応募《おうぼ》書類（英文カバーレター、英文略歴、英文応募《おうぼ》用紙［P－11］、和文応募《おうぼ》用紙、TOEFL iBTまたはIELTSのスコアの写し）を外務省国際機関人事センターが指定するメールアドレスに提出します。

第1次審査《しんさ》を通過した応募者《おうぼしゃ》に対しては、第2次審査《しんさ》（面接審査《しんさ》）が行われます。面接審査《しんさ》では受験者の経歴、専門性、人柄《ひとがら》、資質などが将来の国際公務員としてふさわしいかを判定します。JPO試験の合格者はJPOの任期を終了後に正規のポストの獲得がより見込《こ》まれる経歴や能力を有する者です。応募《おうぼ》方法、選考方法は変更《へんこう》になる

図表15 JPOの主な派遣先国際機関

【国連事務局】
国連事務局の各部局、ESCAP（アジア太平洋経済社会委員会）など地域委員会 他

【国連総会決議に基づき設置された機関】
ITC（国際貿易センター）、UNCTAD（国連貿易開発会議）、UNDP（国連開発計画）、UNEP（国連環境計画）、UNFPA（国連人口基金）、UN-HABITAT（国連人間居住計画）、UNHCR（国連難民高等弁務官事務所）、UNICEF（国連児童基金）、UNRWA（国連パレスチナ難民救済事業機関）、UNV（国連ボランティア計画）、WFP（国連世界食糧計画）、UN Women（国連女性機関）

【専門機関】
ICAO（国際民間航空機関）、IFAD（国際農業開発基金）、ILO（国際労働機関）、IMO（国際海事機関）、ITU（国際電気通信連合）、FAO（国連食糧農業機関）、UNESCO（国連教育科学文化機関）、UNIDO（国連工業開発機関）、UNWTO（世界観光機関）、UPU（万国郵便連合）、WHO（世界保健機関）、WIPO（世界知的所有権機関）、WMO（世界気象機関）

【その他の国連関係機関】
IAEA（国際原子力機関）、CTBTO・PTS（包括的核実験禁止条約機関準備委員会暫定技術事務局）、ICC（国際刑事裁判所）、IOM（国際移住機関）、UNAIDS（国連合同エイズ計画）、UNITAR（国連訓練調査研究所）、UNOPS（国連プロジェクト・サービス機関），UNFCCC（気候変動枠組条約事務局）

【その他の国際機関】
OECD（経済協力開発機構）、IEA（国際エネルギー機関）、IRENA（国際再生可能エネルギー機関）、ラムサール条約事務局、国際自然保護連合（IUCN）、Gavi（Gaviワクチンアライアンス）、OPCW（化学兵器禁止機関）

場合があるので、応募《おうぼ》を検討している人は外務省国際機関人事センターのホームページから応募《おうぼ》選考方法を確認してください。

試験の合格者は、図表15に記載されているUNDP、UNEP、UNHCR、WFP、UNICEF、UNFPA、ILO、FAO、UNESCO、UNIDO、WHO、IAEAなど派遣《はけん》取り決めを結んでいる国際機関に派遣《はけん》されます。

試験合格者は、原則2年間、前記P－2、ステップ1の職位で国際機関に派遣《はけん》されて準専門家として勤務することになりますが、この制度は任期後の正規職員のポストを約束《やくそく》するものではありません。この制度を通じて正規職員になっている者の割合は、年によりばらつきがありますが約75％です。近年は年々応募者《おうぼしゃ》の語学力と専門性が高くなる傾向《けいこう》にあります。

ＹＰＰ試験と、ＪＰＯ試験は、両試験とも若手（20歳代《さいだい》後半から30歳代《さいだい》前半が中心）の日本人を募集《ぼしゅう》しています。求められる学歴や要件も似ています。けれども、比べてみると、つぎのような違《ちが》いがあります。

まず第一に、ＹＰＰ試験では、合格して3年間のロスター登録のうちに採用を勝ち取ることができれば即《そく》正規職員になり、職場で実績を認められれば数年後には国連での長期雇《こ》用《よう》が保証されます。一方、ＪＰＯ選考試験のほうは、合格して2年間の勤務期間を経ても必ず正規職員になれるわけではありません。こちらの試験のほうが正規職員としての身分を雇用《こよう》機関から保障されるのに時間がかかります。第二に、YPP試験は国連事務局のみの採用、JPO試験は専門機関を含《ふく》む国際機関全般《ぜんぱん》が対象になります。第三に、YPP試験では募集《ぼしゅう》職域を国連側より指定を受け、その分野以外を専門にしている者は受験資格がありません。けれども、JPO選考試験のほうは、募集《ぼしゅう》にさいして分野の制限を設けていません。たとえば、医学を専門にする応募者《おうぼしゃ》は、YPP試験の受験資格を得ることはできませんが、JPO選考試験の資格は有することになります。

採用ミッションによる選抜《せんばつ》試験

この試験は実務経験が豊富で即戦力《そくせんりょく》となる専門家を採用するために国際機関の担当官が来日し、書面審査《しんさ》、語学審査《しんさ》（ないこともあります）、面接を行い、適任者がいれば正規職員として採用、あるいは有資格者として候補者リストに登録する制度です。この試験の対象者は前述した二つの若手職員の採用と異なり、ケースバイケースですが、一般的《いっぱんてき》には専門分野で数年以上の実務経験をもつ者です。なお、過去数年、採用ミッションによる選抜《せんばつ》試験は日本で開催《かいさい》されていません。

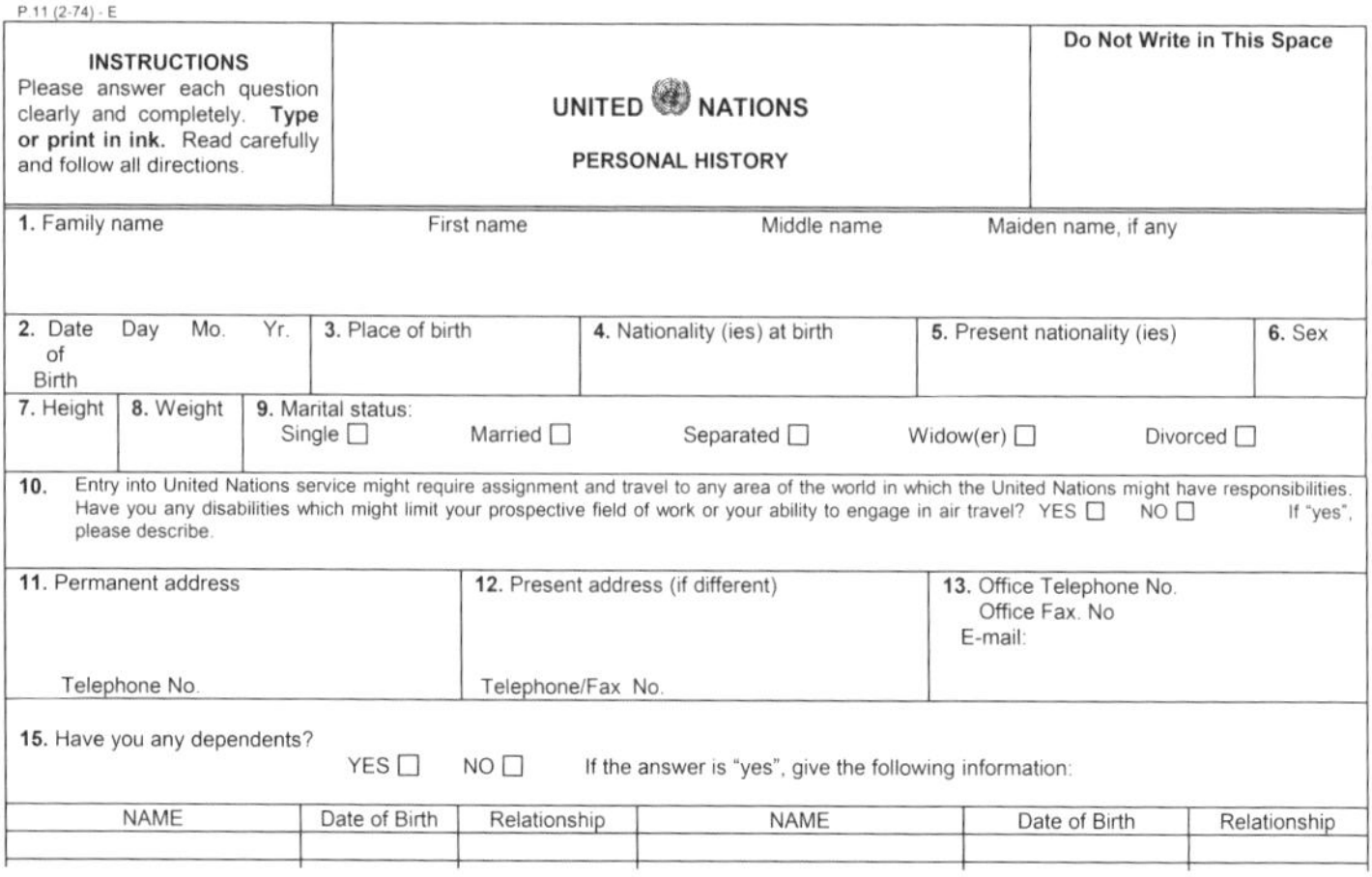
P.11 (2-74) - E

INSTRUCTIONS Please answer each question clearly and completely. **Type or print in ink.** Read carefully and follow all directions.	UNITED NATIONS PERSONAL HISTORY	Do Not Write in This Space

1. Family name / First name / Middle name / Maiden name, if any

2. Date of Birth Day Mo. Yr. | 3. Place of birth | 4. Nationality (ies) at birth | 5. Present nationality (ies) | 6. Sex

7. Height | 8. Weight | 9. Marital status: Single ☐ Married ☐ Separated ☐ Widow(er) ☐ Divorced ☐

10. Entry into United Nations service might require assignment and travel to any area of the world in which the United Nations might have responsibilities. Have you any disabilities which might limit your prospective field of work or your ability to engage in air travel? YES ☐ NO ☐ If "yes", please describe.

11. Permanent address Telephone No. | 12. Present address (if different) Telephone/Fax No. | 13. Office Telephone No. Office Fax. No E-mail:

15. Have you any dependents? YES ☐ NO ☐ If the answer is "yes", give the following information:

NAME	Date of Birth	Relationship	NAME	Date of Birth	Relationship

国連機関はほぼ同じ応募書類を使用し、応募用紙はP-11と呼ばれる

正規ポストへの応募《おうぼ》

国際機関で職員のポストに退職などで空席が生じた場合は、国連憲章に謳《うた》われている平等の原則に基づき、その空席ポストが世界中に公募《こうぼ》されます。その空席に応募《おうぼ》するのが4番目の方法です。公募《こうぼ》の資格を満たしている場合、ウェブ上で応募《おうぼ》用紙（P－11）を入手し、国際機関に直接応募《おうぼ》します。YPP試験やJPO試験の場合は対象としている国の合格者を優先的に採用することを目的としていますが、この方法は世界中の有資格者を対象としています。国際機関内ではもっとも一般《いっぱん》的《てき》な募集《ぼしゅう》方法ですが、正規ポストへの応募《おうぼ》の場合は国連加盟国出身者の応募者《おうぼしゃ》と競うことから、日本人であるというメリットをそれほど活かすことができず、選抜《せんばつ》は

厳しいものとなります。

政府・関連機関からの出向

国際機関が政府間の機関であることと、特に専門機関においては高度の専門性を有する職員が必要であることから、関連省庁、企業《きぎょう》からの短期・長期の出向という形式で国際機関へ職員が派遣《はけん》されることがあります。

出向職員が多い機関は、世界銀行、アジア開発銀行、OECDなどの経済・金融《きんゆう》機関と、FAO、WHO、WIPO、IAEAなど技術系専門機関です。それぞれの分野の専門家で日本の官庁に入って経験を積み、そこから国際機関へ出向し、そのまま国際公務員になっている者も多くいます。このように国家公務員から国際公務員になる方法があることも頭に入れておくとよいでしょう。

図表16 その他の主な若手職員募集プログラム

採用機関	募集プログラム名	応募資格
OECD （経済協力開発機構）	ヤング・プロフェッショナルプログラム（YPP）	年齢：30歳以下、学歴：修士号、職歴2年以上または博士号、配属される分野に関わる専門性
OECD （経済協力開発機構）	ヤング・アソシエト・プログラム（YAP）	学歴：学士号取得後18カ月以内
World Bank （世界銀行）	ヤング・プロフェッショナル・プログラム（YPP）	年齢：32歳以下、学歴：修士号または博士号、職務：関連分野で職務経験または博士課程での継続的な学術研究の実績
ADB （アジア開発銀行）	ヤング・プロフェッショナルプログラム（YPP）	年齢：32歳以下、学歴：配属される分野に関わる専門分野での教育歴、最低2年の職務に関連する分野での職務経験
FAO （国連食糧農業機関）	ジュニア・プロフェッショナル・プログラム（JPP）	年齢：32歳以下、学歴：FAOの仕事に関連する分野の修士号または博士号、FAOの仕事に関連する分野で最低1年間の職務経験
UNIDO （国連工業開発機関）	ヤング・プロフェッショナルプログラム（YPP）	年齢：32歳以下、学歴：修士号または博士号、配属される分野に関わる専門性
UNICEF （国際児童基金）	ニュー・アンド・イマージング・タレント・イニシアテイブ（NEITI）	年齢：38歳以下、学歴：修士号以上、職歴5年以上

その他の試験

そのほかに、国連事務局が主催《しゅさい》しているYPPと名称は同じですが、機関によってはヤング・プロフェッショナル・プログラムと呼ばれる、若手職員を独自に募集《ぼしゅう》する試験を設けている機関があります。主要なものを図表16に示しました。これらのヤング・プロフェッショナルを選考するさいに求められる資質としては、専門分野での教育を受けており、分析《ぶんせき》能力があること、さまざまな部署で活動できる柔軟性《じゅうなんせい》、開発の仕事に対する意欲、国際機関で働くために必要なコミュニケーション能力があることなどがあげられます。詳《しょう》細《さい》については各機関に問い合わせてください。

応募《おうぼ》から赴任《ふにん》まで

国際機関のポストに応募《おうぼ》してから採用が決まり任地に赴任《ふにん》するまでには思いのほか時間がかかるものです。YPP試験とJPO試験の場合の応募《おうぼ》から赴任《ふにん》までの流れを図表17、図表18に示しました。これらの図表からわかるように、YPP試験の場合、応募《おうぼ》から書面審査《しんさ》、筆記試験までに約半月、それから数カ月後に面接試験が実施《じっし》されます。面接試験から合格発表までに3〜6カ月、その後、受け入れ機関から内定（Job Offer：ジョブ・オ

図表17 YPP試験における応募から赴任までの流れ

6～8月頃	募　集
6～8月頃	応　募
11月～翌年3月頃	教養・専門分野筆記試験（オンライン）
翌年4～6月頃	コンピテンシー・ベース面接
合格後3～6カ月程度	合格発表
発表後6カ月～3年程度	ポストごとの審査・受け入れ機関・部局からの採用通知
2～3カ月程度	勤務地に赴任

図表18 JPO試験　応募から赴任までの流れ

1）外務省枠

1～2月	事前登録
2月	応　募
2～4月	第1次審査（外務省による書面審査）
4～6月	第2次審査（面接審査）
7月以降	国際機関による審査
	国際機関への各種書類提出、健康診断受診など
翌年1月末まで	国際機関からのオファーレター受領、研修、赴任

2）国際機関枠

1～2月	事前登録
2月	応　募
2～4月	第1次審査（外務省による書面審査）
4～7月	第2次審査（国際機関による面接審査）
7月以降	国際機関への各種書類提出、健康診断受診など
翌年1月末まで	国際機関からのオファーレター受領、研修、赴任

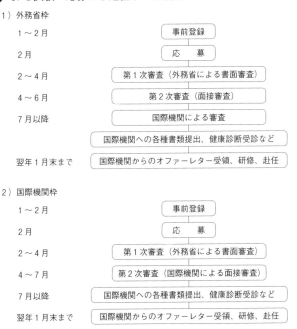

ファー）を受け取るまで6カ月から場合によっては1年程度かかることがあります。さらに、内定を受け取ってから任地に赴任《ふにん》するまで早くて2〜3カ月、時にはもっと長くかかることもあります。そのほかの方法で応募《おうぼ》した場合でも採用決定、さらに赴任《ふにん》までには相当の期間を要します。それゆえ、応募時《おうぼじ》にすでに会社勤めをしているなど職に就いている人には、何かの事情により国際機関に採用される前の段階で就職の話が反故になったり、赴任《ふにん》時期が遅《おく》れる場合を想定して、派遣《はけん》される機関や赴任《ふにん》時期が決定するまで辞職しないことを勧めます。

また、採用決定が大学、大学院修了《しゅうりょう》時期と重なった場合は、赴任《ふにん》までの待機期間に、自分の専門分野に関連した職場で少しでも職務経験を積んでおくとよいでしょう。

なるための準備

まずキャリア計画を立てよう！

語学力（英語力）をつける

国際機関の会議では六つの公用語が使われていますが、職場では英語かフランス語が常用語として使われています。なかでも英語が使われる比重が高くなっています。では、国際公務員になるにはどの程度の英語力が必要とされるのでしょうか。前述したＪＰＯ選考試験の合格者の場合、第1次審査《しんさ》でＴＯＥＦＬ ｉＢＴあるいはＩＥＬＴＳのスコアの提出が求められます。受験する年により要求される語学レベルに多少の差はあるかもしれませんが、第1次審査《しんさ》に合格する応募者《おうぼしゃ》はだいたいＴＯＥＦＬ ｉＢＴで１００点以上の点数をもっています。ＴＯＥＦＬ ｉＢＴ１００点が国際公務員をめざす人のひとつの目安になります。図表19にあげた英語検定試験（ＴＯＥＦＬ ｉＢＴ／ＩＥＬＴＳ／ＴＯＥＩ

図表19 英語検定試験（TOEFL iBT/IELTS/TOEIC/英検）スコア換算目安表

TOEFL iBT	IELTS	TOEIC	英検
118 ～ 120	9	–	–
115 ～ 117	8.5	–	–
110 ～ 114	8	–	–
102 ～ 109	7.5	970 ～ 990	–
94 ～ 101	7	870 ～ 970	1 級
79 ～ 93	6.5	820 ～ 870	–
60 ～ 78	6	740 ～ 820	準 1 級
46 ～ 59	5.5	600 ～ 740	–
35 ～ 45	5	550 ～ 600	2 級
32 ～ 34	4.5	500 ～ 550	–
～ 31	4	450 ～ 490	準 2 級
–	3.5	300 ～ 440	–
–	3	291 ～ 299	3 級
–	2.5	270 ～ 290	–
–	2	260 ～ 269	4 級
–	1.5	100 ～ 259	5 級

出所：IELTS NAVI　http://ieltsnavi.com/score_conversion.html（2020年 6 月28日検索）をもとに作成。

C／英検）スコア換算《かんさん》目安表を参考にして、英語力を高めてください。

2章74ページの「仕事の進め方」で、国際機関ではほとんどすべての事柄《ことがら》を文書にすると述べました。文章力をつけるためにも、英語で簡潔に要点を整理できる技術を身につけておくことが必要です。さらに、時事問題に興味をもち、世界で起こっている問題に自分なりの意見をもっておくことも大切です。実力をつけるために『ニューヨーク・タイムズ』紙の日曜版に掲載《けいさい》されている国際問題の社説などを読み、内容を要約してみてください。また、『インターナショナル・ヘラルド・トリビューン』紙、『エコノミスト』誌などの記事を読むことも能力強化に役立ちます。ぜひ日頃《ひごろ》から新聞の国際面を読む習慣をつけてください。

修士号取得と海外留学

2章78ページで国際機関は「学歴社会」であると述べました。国際機関で働こうと考えるのならば修士以上の学位を取得し、自分の専門分野をもつことが必要です。可能であれば海外の大学院で修士号を取得することを勧めます。国際機関では多国籍《たこくせき》の同僚《どうりょう》たちと協調しながら仕事をします。留学中に自分と異なる価値観の人びとと交わることによって異文化に適応する力がつきます。しかし、すべての人が海外で学位を取得できるわけではありません。海外の大学院に進学することが難しい場合には日本国内の大学院や社会人向けの夜間大学院で学位を取得できます。日本の大学院で学位を取得する場合、語学力と文化適応力を身につける必要があります。その場合は海外でボランティア活動をするなどしておく必要があるでしょう。

国際協力分野に関する国内・海外の大学院情報は『国際協力キャリアガイド』（国際開発ジャーナル社）にくわしく紹介《しょうかい》されています。

大学での専門分野

読者のなかには、大学で英文学などの人文社会学系の学問を学んだあとに国際公務員になろうと考えている人はいないでしょうか。国際機関は実務能力のある、あるいは専門的訓練を受けた職員を求めています。

それでは、人文社会学系科目を専攻《せんこう》している人はどうしたらよいのでしょうか。日本の大学での専門分野が人文社会学系であっても、アメリカ、イギリスでは学部レベルの一部指定を受けた基礎《きそ》科目を受講したあと、社会科学系の大学院コースに進んで修士号の学位を取得することができます。人文社会学系の学位をもっている、あるいは現在人文社会学系の課程に在籍《ざいせき》している人には、海外で社会科学分野での修士号を取得することを勧めます。開発学、経済学、開発経済学、経営管理学（ビジネス・アドミニストレーション）などの社会科学系科目を専攻《せんこう》すると応募《おうぼ》のさいに有利です。

また、国際機関への勤務を希望し、大学院レベルで国際関係学を専攻《せんこう》する予定であるという人がいます。しかし、国際機関が求める人材は経済学、ＩＴなどの専門分野で教育や訓練を受けた人であり、国と国との政治力学を学んだ人ではありません。すでに大学で国際関係学の学位（ＢＡ）を取得した人、あるいは現在学部で国際関係学を専攻《せんこう》している人にはほかの社会科学分野で修士号を取得することを勧めます。

フィールド経験、ボランティア活動

国際機関の主要な活動目的のひとつは開発途上国《とじょうこく》の人びとの生活水準を向上させることです。本章の「海外経験」（１１８ページ）で述べたように、開発途上国《とじょうこく》の実際の生活を経験していたり（フィールド経験）、ボランティア活動を通じて開発途上国《とじょうこく》の人びとが直面している問題に直接たずさわった経験は、国際機関で職務を遂行《すいこう》するさいに非常に役立ちます。特に、ＪＰＯ試験で人道援助《えんじょ》機関を志望する場合、フィールド経験やボランティア経験があると有利です。ＵＮＶ（国連ボランティア）やＪＯＣＶ（青年海外協力隊員）として海外でボランティア活動をしてみたいと考えている人は、拙著《せっちょ》『国連ボランティア

事務総長特使の特別補佐官として現地視察　小野京子さん提供

をめざす人へ』（岩波書店）を一読してみてください。

平和構築人材を養成することを目的に、外務省が＊広島《ひろしま》平和《へいわ》構築《こうちく》人材《じんざい》育成《いくせい》センターに人材育成事業を委託《いたく》しています。国内で平和構築に関する座学を学び、その後に海外の国際機関など平和構築の現場で実務研修をすることができます。

自分の身近なところでボランティア活動を始めたいと考えている人は、＊国際協力NGOセンターのホームページのなかから自分の興味に合致《がっち》するボランティア組織を探して連絡《れんらく》をとってみるとよいでしょう。さらに、最寄りの市役所や県庁に問い合わせると、地元のボランティア・グループの活動内容や入会方法などを教えてくれます。気軽に市役所や県庁に連絡《れんらく》してみてください。

＊広島平和構築人材育成センター　https://peacebuilderscenter.jp/
＊国際協力 NGO センター　http://www.janic.org/

インターンシップ

大学院時代に国際機関の職場を知っておくことは、国際機関に就職するさいに非常に役立ちます。国連（ニューヨーク、ジュネーブ）を含《ふく》むほとんどの国際機関は大学院生を対象にインターンシップ・プログラムを提供しています。費用は旅費を含《ふく》め全額本人の負担です（近年、手当を支給する機関もあります）。学生時代に国際機関で研修を受けたりインターンとして働いたりすることは、国際公務員の仕事を知り、職場の雰囲気《ふんいき》になじむ、よい機会になります。外務省国際機関人事センターのホームページに海外および国内でできるインターン情報が、掲載《けいさい》されていますので、関心のある人はぜひ活用してください。

インターネット情報

日本では国際機関への職員募集《ぼしゅう》に関する業務は、外務省の国際機関人事センターが行っています。国際機関人事センターは国際公務員関係試験の受付窓口になっており、国連および国際機関が定期的に行う職員の募集《ぼしゅう》についての案内や、これらの機関が随時募集《ずいじぼしゅう》する空席についての情報、応募《おうぼ》書類の書き方や面接対策などをホームページに掲載《けいさい》しています。

空席情報は外務省国際機関人事センターのホームページ内の国際機関一覧から確認する

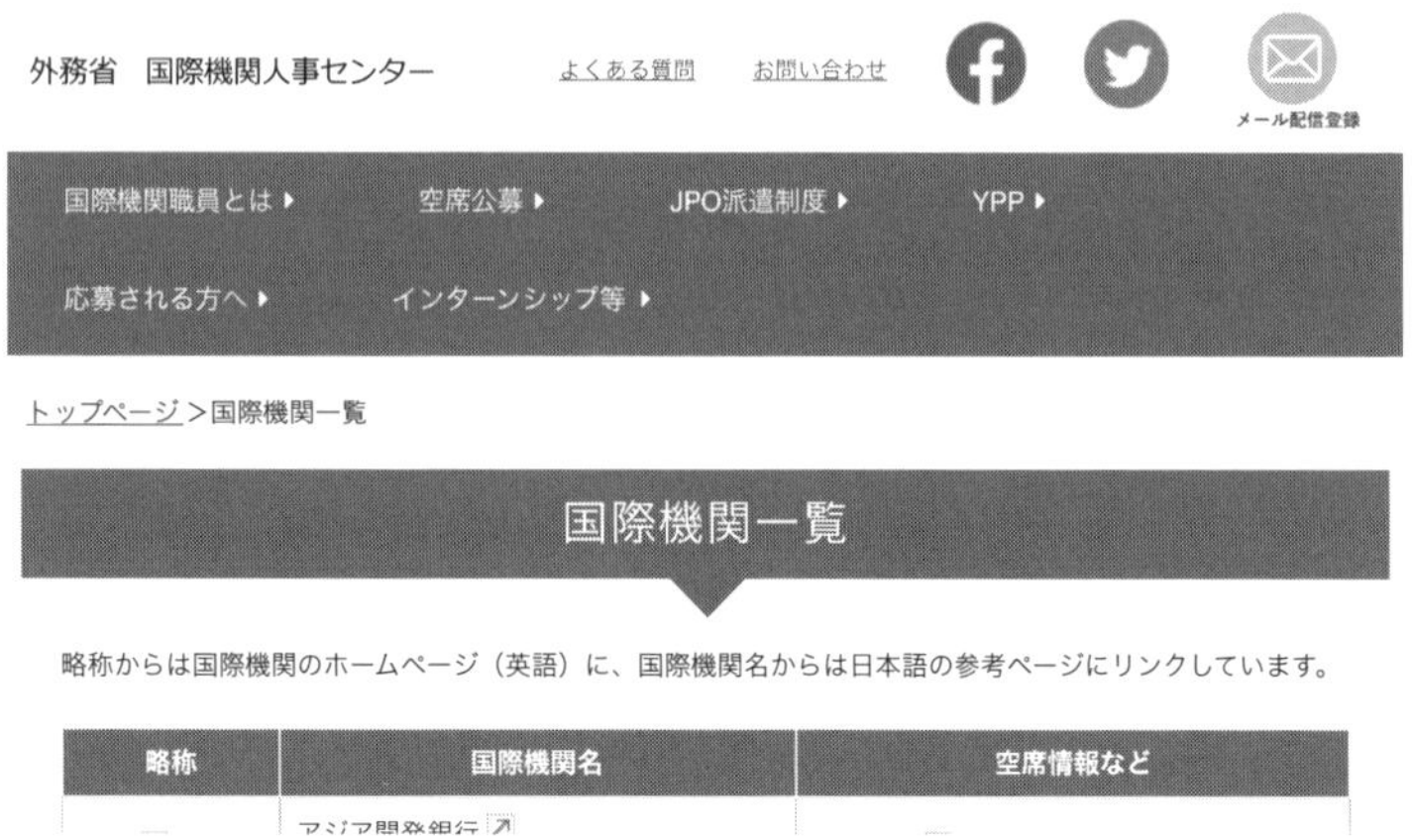

国際機関一覧のトップページ（外務省国際機関人事センターのホームページより）

ことができます。このサイトから各国際機関の活動概要《がいよう》、および機関ごとの空席情報を入手することができます。国際公務員になるための各種試験、プログラム、空席情報などを得るにはインターネットを活用し、応募《おうぼ》に役立てるとよいでしょう。

キャリア計画

国際機関で働くためには、事前にさまざまな知識・技能を身につけておかなければなりません。準備しなければならない事柄《ことがら》は、専門分野での知識・経験があること、語学能力があること、関連分野での職務経験があること、開発途上国《とじょうこく》についての理解があることです。これらの知識・技能は短期間のうちに習得することはできません。

キャリア計画とは、要求される知識・技能を一定期間のうちに効率的に準備することです。国連関係の各種試験に合格し、採用されるためには、キャリア計画を立てる必要があります。たとえば、JPO試験に応募《おうぼ》する場合、大学院の修士課程に進む前か、修士号を取得した後に、国際機関の活動に関連する分野で2、3年程度の職務経験を積む必要があります。その職務経験を、大学院の修士課程に進む前にするか、あるいは修士号を取得した後にするかを考えておく必要があります。

キャリア計画を立てるさいのチェック・ポイントをつぎに紹介《しょうかい》します。

・専門分野の知識

国際機関に採用されるためには、専門分野での教育・経験など、専門家としての条件を満たしていなければなりません。学歴に関しては、修士号取得かそれ以上の教育歴が求められます。さらに、専門分野や関連する分野での職歴があると有利です。

専門分野の選択《せんたく》に関しては、安易な考えをもつ人が多いように思います。国際公務員になりやすい専門分野は何か、どの大学院へ留学すると国際公務員になりやすいかという相談をよく受けます。しかし、専門分野を決定するさいに重要なことは、自分がどの分野で国際協力・開発協力にかかわっていきたいかということです。国際機関が出版している年次報告書、UNDPが作成している人間開発報告書（日本語訳あり）、その他の関連書などを読み、自分が長い職業生活を通じてかかわっていきたいと考える専門分野を明確にしてください。そのうえで、自分が望む専門分野が国際機関において募集《ぼしゅう》される頻度《ひんど》が高いか否かを確認することです。国際機関の専門職・管理職の職種分類（ＣＣＯＧ）*サイトに職種グループ、分野、職域、職名の分類が掲載《けいさい》されています。国際機関の仕事の種類を知りたい時の参考にするとよいでしょう。

現職の日本人国際公務員は、図表20からわかるように経済・社会開発、プロジェクト／プログラム管理の分野などさまざまな分野の職に就いています。

・語学能力

まず、自分の語学能力を客観的に測定することを勧めます。ＪＰＯ試験を受験する者にはＴＯＥＦＬ iＢＴやＩＥＬＴＳのスコアが必要です。語学審査《しんさ》で英語を選択《せんたく》する場合、たとえ

図表20　日本人国際公務員の担当職種（二つ以内）

職種	割合
政治	5％
経済・社会開発	20％
人道援助	10％
人権	2％
環境	3％
プロジェクト/プログラム管理	20％
情報処理・管理（IT）	4％
総務/人事	4％
法務/法律	3％
広報	2％
財務	8％
公衆衛生	5％
教育	3％
工学	2％
その他	8％

＊国際機関の専門職・管理職の職種分類（CCOG）　https://icsc.un.org/Resources/HRPD/JobEvaluation/CCOG_9_2015.pdf

ば自分の語学能力がＴＯＥＦＬ iＢＴが１００点程度に到達《とうたつ》するまでにどのくらいの期間が必要か、それが受験年齢《ねんれい》上限（35歳《さい》）までに達成できそうか否かを判断してください。また、国際機関では、業務を遂行《すいこう》するさいに起案能力が要求されます。英語の文書作成能力を高めるための準備も必要です。国連内の文書の書き方をダウンロードできる「A guide to writing for the United Nations」＊というサイトもあります。参考にしてください。

・**職務経験**

ＪＰＯ試験合格者の多くは民間企業《きぎょう》、開発援助《えんじょ》機関、ＮＧＯなどで働いた経験のある人です。これは、国際機関が即戦力《そくせんりょく》のある人材を求めていることの表れです。日本人の場合は、民間企業《きぎょう》で数年間勤務した後に国際機関に就職することが多いようです。国際機関で働き始める前に、組織のなかで、仕事の進め方やチームの一員としての働き方を身につけておくことを勧めます。

・**資格**

国際的に通用する資格を取得していることは、国際機関での採用のさいに高く評価されます。財務・会計分野の募集《ぼしゅう》のさいにアメリカ公認会計士（ＣＰＡ）の資格や、ＩＴ分野の募集《ぼしゅう》のさいにはマイクロソフト社などが実施している関連資格を取得していると評価さ

＊ A guide to writing for the United Nations https://digitallibrary.un.org/record/134840

れます。

・開発途上国《とじょうこく》についての理解と経験

国際機関で働くためには世界の国々についての理解が必要です。特に経済・社会開発に関連する機関に応募《おうぼ》するにあたっては、開発途上国《とじょうこく》の状況《じょうきょう》を理解し、短期間でも現地の生活を経験した人が有利になります。たとえば、外務省専門調査員や青年海外協力隊員の経験が考えられます。青年海外協力隊員の仕事で、コミュニティー開発や青少年活動などの職種に応募《おうぼ》する場合には、特別の資格は要求されません。開発途上国《とじょうこく》に長期間滞在《たいざい》することが難しい場合には、さまざまなNGOが実施《じっし》している開発途上国《とじょうこく》へのスタディー・ツアーに参加することや、観光旅行で訪問するなど、自分のできる範囲《はんい》で開発途上国《とじょうこく》への理解を深めておくといいでしょう。

その他の留意事項《じこう》

国際機関だけに限らず、国際的な場所で仕事をしたいと考えている人はパソコンの使い方をマスターしてください。そのさい、海外でも広く使われているマイクロソフト社のOfficeなどの基本ソフトやSTATAなどの統計ソフトが操作できるようにしておくとよいでしょう。

また、日本人は手紙や礼状を書かなくなってきているように思います。外国人は自分の気持ちを伝えるため、あるいは感謝の気持ちを伝えるために驚《おどろ》くほど頻繁《ひんぱん》に手紙や礼状を書きます。電子メールでもいいですから、日頃《ひごろ》から文書で自分の気持ちを表現できるようにしておくといいと思います。

フローチャート　国際公務員

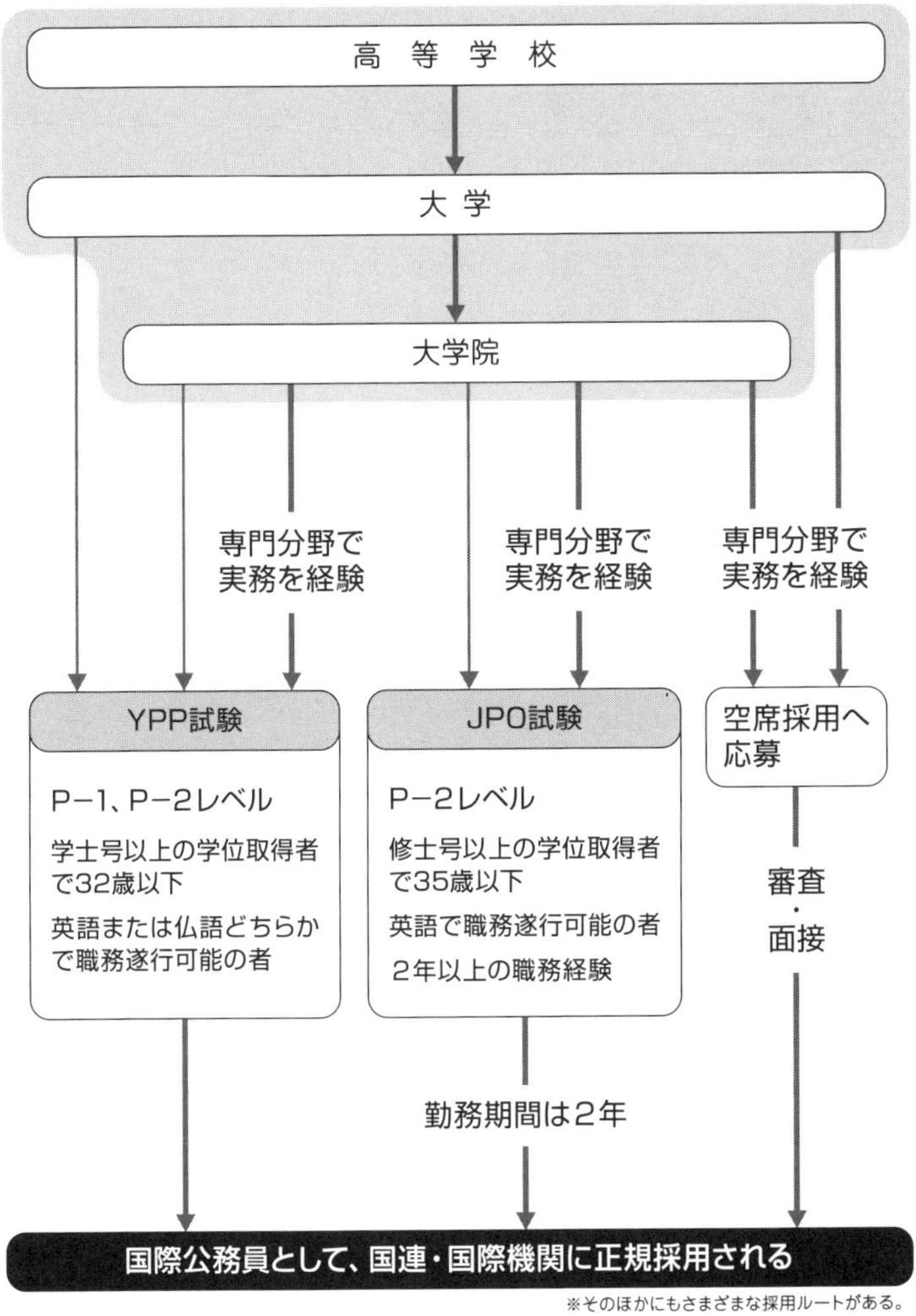

※そのほかにもさまざまな採用ルートがある。

なるにはブックガイド

『聞き書　緒方貞子回顧録』

野林健・納家正嗣編
岩波現代文庫

日本外交史研究者として出発し、1990年代に国連難民高等弁務官として難民支援を指揮した緒方貞子氏の生い立ちから晩年までを聞き取った良書。国際関係に関心のある人は必読。

『国際公務員のキャリアデザイン』

横山和子
白桃書房

国際機関を人的資源管理の視点から分析し、24名の現職日本人国際公務員への聴き取り調査結果を掲載。本気で国際公務員をめざす人に勧める。英語版『Human Resource Management in the UN』も出版。

『「国連式」　世界で戦う仕事術』
滝澤三郎
集英社新書

本書は国連ジュネーブ本部、UNRWA, UNIDO, UNHCR での28年間のキャリアに基づき、多国籍の競争社会の職場で生き抜いた著者の仕事術と生き方を具体的に紹介している。

『国連平和構築』
長谷川祐弘
日本評論社

国連機関に37年間勤務し平和活動に長年かかわった著者が、現場からの視点で国連の平和構築にかかわる歴史的考察、人間の安全保障の概念、平和維持から平和構築への転換などの考察を展開している。

職業MAP! 興味があるのはどの仕事?

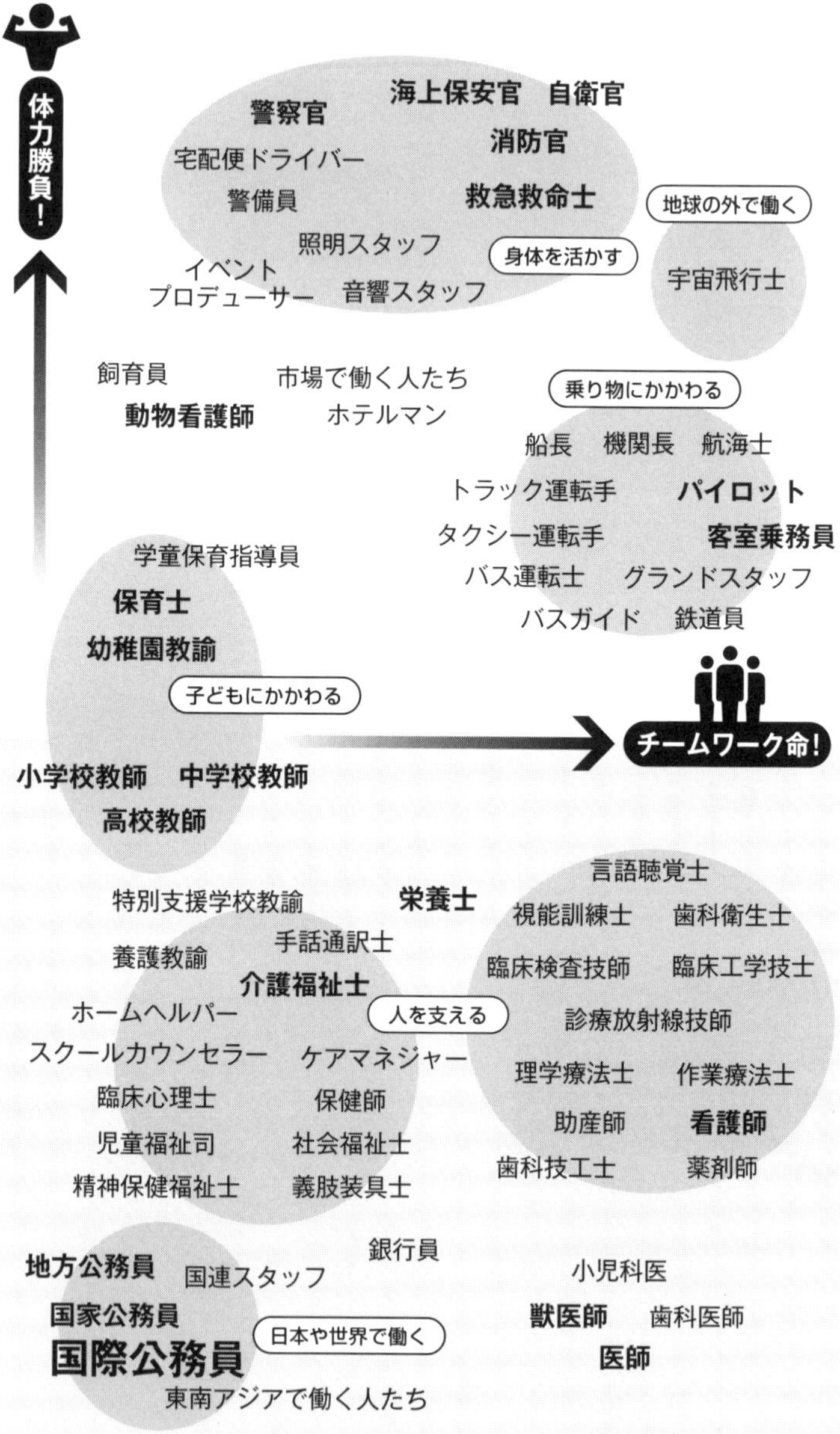

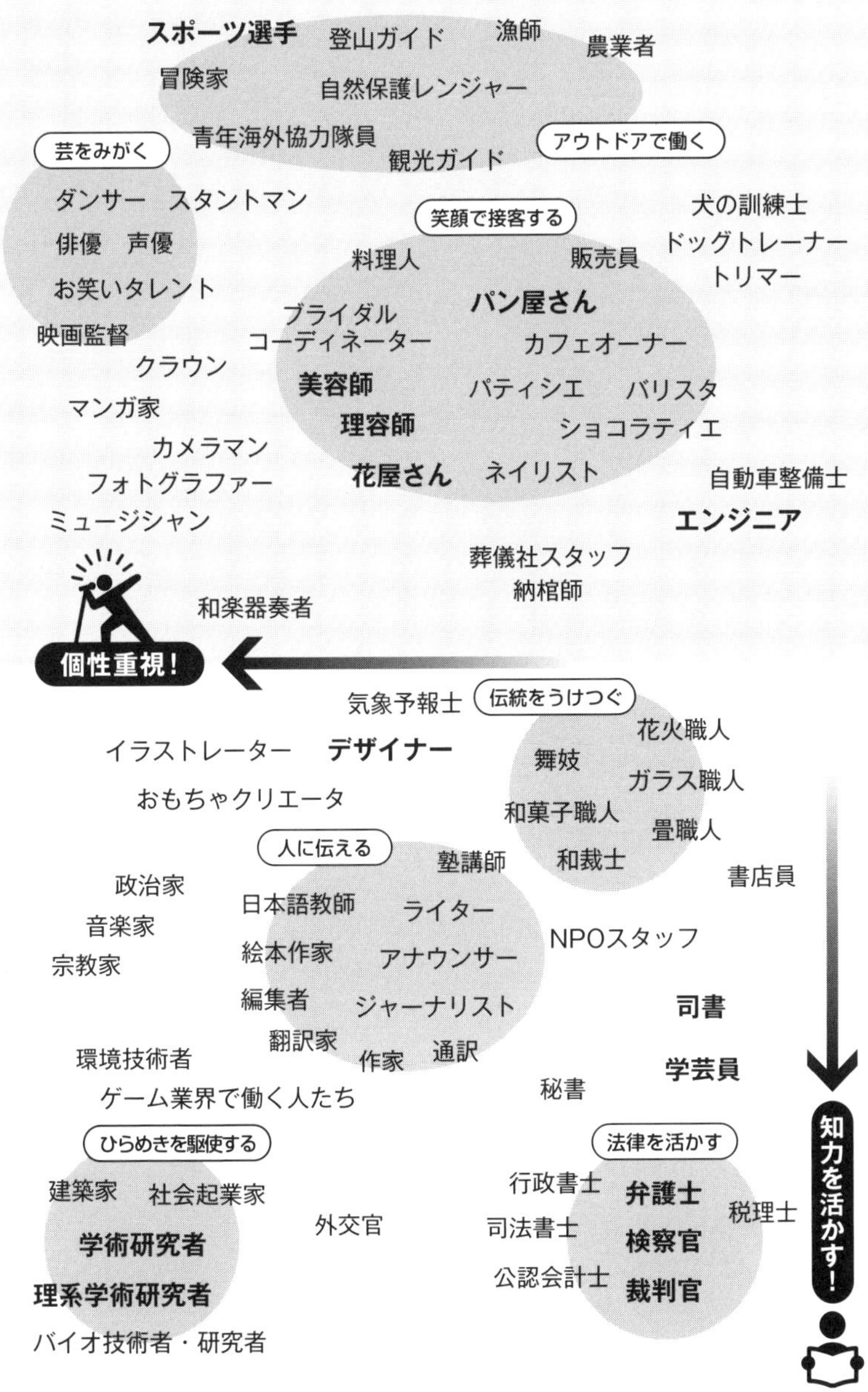
アウトドアで働く
スポーツ選手
登山ガイド
漁師
農業者
冒険家
自然保護レンジャー
青年海外協力隊員
観光ガイド
芸をみがく
ダンサー
スタントマン
俳優
声優
お笑いタレント
映画監督
クラウン
マンガ家
カメラマン
フォトグラファー
ミュージシャン
笑顔で接客する
料理人
販売員
パン屋さん
ブライダルコーディネーター
カフェオーナー
美容師
パティシエ
バリスタ
理容師
ショコラティエ
花屋さん
ネイリスト
犬の訓練士
ドッグトレーナー
トリマー
自動車整備士
エンジニア
葬儀社スタッフ
納棺師
和楽器奏者
個性重視！
気象予報士
伝統をうけつぐ
花火職人
舞妓
ガラス職人
和菓子職人
畳職人
和裁士
イラストレーター
デザイナー
おもちゃクリエータ
人に伝える
塾講師
日本語教師
ライター
絵本作家
アナウンサー
編集者
ジャーナリスト
翻訳家
作家
通訳
政治家
音楽家
宗教家
書店員
NPOスタッフ
司書
学芸員
秘書
環境技術者
ゲーム業界で働く人たち
ひらめきを駆使する
建築家
社会起業家
学術研究者
理系学術研究者
バイオ技術者・研究者
外交官
法律を活かす
行政書士
弁護士
司法書士
検察官
公認会計士
裁判官
税理士
知力を活かす！

［著者紹介］

横山和子（よこやま かずこ）

北海道小樽市出身。北海道大学経済学部経営学科卒業。インディアナ州立大学大学院経営管理学修士課程修了。京都大学博士（経済学）。ILO などに９年間勤務。東洋学園大学教授を経て、現在同大学非常勤講師。名古屋大学大学院非常勤講師。主な著書に『東南アジアで働く』（ぺりかん社）、『国際公務員のキャリアデザイン』（白桃書房）、『国連ボランティアをめざす人へ』（岩波書店）などがある。

ブログ：japaneseworkingoverseas.com

ツイッター：@ EntedJPN

国際《こくさい》公務員《こうむいん》になるには

2020年11月10日　初版第1刷発行
2021年10月10日　初版第2刷発行

著　者　横山和子
発行者　廣嶋武人
発行所　株式会社ぺりかん社
〒113-0033　東京都文京区本郷1-28-36
TEL　03-3814-8515（営業）
03-3814-8732（編集）
http://www.perikansha.co.jp/
印刷所　大盛印刷株式会社
製本所　鶴亀製本株式会社

ISBN978-4-8315-1574-2　Printed in Japan

【なるにはBOOKS】

税別価格 1170円～1600円

❶——パイロット
❷——客室乗務員
❸——ファッションデザイナー
❹——冒険家
❺——美容師・理容師
❻——アナウンサー
❼——マンガ家
❽——船長・機関長
❾——映画監督
❿——通訳者・通訳ガイド
⓫——グラフィックデザイナー
⓬——医師
⓭——看護師
⓮——料理人
⓯——俳優
⓰——保育士
⓱——ジャーナリスト
⓲——エンジニア
⓳——司書
⓴——国家公務員
㉑——弁護士
㉒——工芸家
㉓——外交官
㉔——コンピュータ技術者
㉕——自動車整備士
㉖——鉄道員
㉗——学術研究者（人文・社会科学系）
㉘——公認会計士
㉙——小学校教諭
㉚——音楽家
㉛——フォトグラファー
㉜——建築技術者
㉝——作家
㉞——管理栄養士・栄養士
㉟——販売員・ファッションアドバイザー
㊱——政治家
㊲——環境専門家
㊳——印刷技術者
㊴——美術家
㊵——弁理士
㊶——編集者
㊷——陶芸家
㊸——秘書
㊹——商社マン
㊺——漁師
㊻——農業者
㊼——歯科衛生士・歯科技工士
㊽——警察官
㊾——伝統芸能家
㊿——鍼灸師・マッサージ師
51——青年海外協力隊員
52——広告マン
53——声優
54——スタイリスト
55——不動産鑑定士・宅地建物取引主任者
56——幼稚園教諭
57——ツアーコンダクター
58——薬剤師
59——インテリアコーディネーター
60——スポーツインストラクター
61——社会福祉士・精神保健福祉士
62——中小企業診断士
63——社会保険労務士
64——旅行業務取扱管理者
65——地方公務員
66——特別支援学校教諭
67——理学療法士
68——獣医師
69——インダストリアルデザイナー
70——グリーンコーディネーター
71——映像技術者
72——棋士
73——自然保護レンジャー
74——力士
75——宗教家
76——CGクリエータ
77——サイエンティスト
78——イベントプロデューサー
79——パン屋さん
80——翻訳家
81——臨床心理士
82——モデル
83——国際公務員
84——日本語教師
85——落語家
86——歯科医師
87——ホテルマン
88——消防官
89——中学校・高校教師
90——動物看護師
91——ドッグトレーナー・犬の訓練士
92——動物園飼育員・水族館飼育員
93——フードコーディネーター
94——シナリオライター・放送作家
95——ソムリエ・バーテンダー
96——お笑いタレント
97——作業療法士
98——通関士
99——杜氏
100——介護福祉士
101——ゲームクリエータ
102——マルチメディアクリエータ
103——ウェブクリエータ
104——花屋さん
105——保健師・養護教諭
106——税理士
107——司法書士
108——行政書士
109——宇宙飛行士
110——学芸員
111——アニメクリエータ
112——臨床検査技師
113——言語聴覚士
114——自衛官
115——ダンサー
116——ジョッキー・調教師
117——プロゴルファー
118——カフェオーナー・カフェスタッフ・バリスタ
119——イラストレーター
120——プロサッカー選手
121——海上保安官
122——競輪選手
123——建築家
124——おもちゃクリエータ
125——音響技術者
126——ロボット技術者
127——ブライダルコーディネーター
128——ミュージシャン
129——ケアマネジャー
130——検察官
131——レーシングドライバー
132——裁判官
133——プロ野球選手
134——パティシエ
135——ライター
136——トリマー
137——ネイリスト
138——社会起業家
139——絵本作家
140——銀行員
141——警備員・セキュリティスタッフ
142——観光ガイド
143——理系学術研究者
144——気象予報士・予報官
145——ビルメンテナンススタッフ
146——義肢装具士
147——助産師
148——グランドスタッフ
149——診療放射線技師
150——視能訓練士
151——バイオ技術者・研究者
152——救急救命士
153——臨床工学技士
154——講談師・浪曲師
155——ＡＩエンジニア
156——アプリケーションエンジニア
補巻22 スポーツで働く
補巻23 証券・保険業界で働く
補巻24 福祉業界で働く
補巻25 教育業界で働く
補巻26 ゲーム業界で働く
別巻 ミュージアムを知ろう
別巻 もっとある！小中高生におすすめの本220
別巻 中高生からの防犯
別巻 会社で働く
学部調べ 看護学部・保健医療学部
学部調べ 理学部・理工学部
学部調べ 社会学部・観光学部
学部調べ 文学部
学部調べ 工学部
学部調べ 法学部
学部調べ 教育学部
学部調べ 医学部
学部調べ 経営学部・商学部
学部調べ 獣医学部
学部調べ 栄養学部
学部調べ 外国語学部
学部調べ 環境学部
学部調べ 教養学部
学部調べ 薬学部
学部調べ 国際学部
学部調べ 経済学部
学部調べ 農学部

※一部品切・改訂中です。 2021.07.